novas buscas
em educação

VOL. 32

Dados Internacionais de Catalogação na Publicação (CIP)
(Câmara Brasileira do Livro, SP, Brasil)

Greenfield, Patricia Marks.
G831d   O desenvolvimento do raciocínio na era da eletrônica: os efeitos da TV, computadores e videogames / Patricia Marks Greenfield [tradução Cecília Bonamine]. – São Paulo: Summus, 1988. (Novas buscas em educação; v. 32)

Título original: Mind and media: the effects of television, computers and video games.
Bibliografia.
ISBN 85-323-0316-1

1. Computadores e crianças 2. Comunicação de massa e crianças 3. Crianças - Desenvolvimento 4. Televisão e crianças 5. Video games I. Título II. Série.

	CDD-305.23
88-0898	-155.4

Índices para catálogo sistemático:

1. Computadores e crianças: Sociologia   305.23
2. Comunicação de massa: Influência em crianças: Sociologia   305.23
3. Crianças e comunicação de massa: Sociologia   305.23
4. Desenvolvimento da criança: Psicologia infantil   155.4
5. Televisão e crianças: Sociologia   305.23
6. Video games e crianças: Sociologia   305.23

Compre em lugar de fotocopiar.
Cada real que você dá por um livro recompensa seus autores
e os convida a produzir mais sobre o tema;
incentiva seus editores a encomendar, traduzir e publicar
outras obras sobre o assunto;
e paga aos livreiros por estocar e levar até você livros
para a sua informação e o seu entretenimento.
Cada real que você dá pela fotocópia não autorizada de um livro
financia o crime
e ajuda a matar a produção intelectual de seu país.

O desenvolvimento do raciocínio na era da eletrônica

Os efeitos da TV, computadores e videogames

Patricia Marks Greenfield

summus editorial

Do original em língua inglesa
MIND AND MEDIA
The effects of television, computers and video games
Copyright © 1984 by Patricia Marks Greenfield
Direitos desta tradução adquiridos por Summus Editorial

Tradução: **Cecília Bonamine**
Capa: **Edith Derdyk**
Direção da coleção: **Fanny Abramovich**

Summus Editorial

Departamento editorial:
Rua Itapicuru, 613 – 7º andar
05006-000 – São Paulo – SP
Fone: (11) 3872-3322
Fax: (11) 3872-7476
http://www.summus.com.br
e-mail: summus@summus.com.br

Atendimento ao consumidor:
Summus Editorial
Fone: (11) 3865-9890

Vendas por atacado:
Fone: (11) 3873-8638
Fax: (11) 3873-7085
e-mail: vendas@summus.com.br

Impresso no Brasil

NOVAS BUSCAS EM EDUCAÇÃO

Esta coleção está preocupada fundamentalmente com um aluno vivo, inquieto e participante; com um professor que não tema suas próprias dúvidas; e com uma escola aberta, viva, posta no mundo e ciente de que estamos chegando ao século XXI.

Neste sentido, é preciso repensar o processo educacional. É preciso preparar a pessoa para a vida e não para o mero acúmulo de informações.

A postura acadêmica do professor não está garantindo maior mobilidade à agilidade do aluno (tenha ele a idade que tiver). Assim, é preciso trabalhar o aluno como uma pessoa inteira, com sua afetividade, suas percepções, sua expressão, seus sentidos, sua crítica, sua criatividade...

Algo deve ser feito para que o aluno possa ampliar seus referenciais do mundo e trabalhar, simultaneamente, com todas as linguagens (escrita, sonora, dramática, cinematográfica, corporal etc.).

A derrubada dos muros da escola poderá integrar a educação ao espaço vivificante do mundo e ajudará o aluno a construir sua própria visão do universo.

É fundamental que se questione mais sobre educação. Para isto, deve-se estar mais aberto, mais inquieto, mais vivo, mais poroso, mais ligado, refletindo sobre o nosso cotidiano pedagógico e se perguntando sobre o seu futuro.

É necessário nos instrumentarmos com os processos vividos pelos outros educadores como contraponto aos nossos, tomarmos contato com experiências mais antigas mas que permanecem inquietantes, pesquisarmos o que vem se propondo em termos de educação (dentro e fora da escola) no Brasil e no mundo.

A coleção *Novas Buscas em Educação* pretende ajudar a repensar velhos problemas ou novas dúvidas, que coloquem num outro prisma preocupações irresolvidas de todos aqueles envolvidos em educação: pais, educadores, estudantes, comunicadores, psicólogos, fonoaudiólogos, assistentes sociais e, sobretudo, professores... Pretende servir a todos aqueles que saibam que o único compromisso do educador é com a dinâmica e que uma postura estática é a garantia do não-crescimento daquele a quem se propõe educar.

À memória de minha mãe, a Matthew e a Robert.
A seu modo, cada um é parte deste livro.

ÍNDICE

Prefácio 11

1. Os Meios de Comunicação Eletrônicos 15

2. A Linguagem do Cinema e da Televisão 21

3. Televisão e Aprendizagem 33

4. Televisão e Realidade Social 41

5. Usando a Televisão para Superar Dificuldades Educacionais   59

6. Comparando a Palavra Escrita, o Rádio e a Televisão   67

7. Videogames 85

8. Computadores 107

9. Educação Multimídica 129

Referências 147

Sugestões para Leitura 161

PREFÁCIO

Este livro representa a reunião de vários caminhos de minha vida intelectual e pessoal. A linha comum que norteou minha carreira em pesquisas foi o "problema linguagem-pensamento": "Qual a relação psicológica entre linguagem e outros modos de pensamento?" Aqui, a questão ampliou-se para: "Qual a relação entre os meios de comunicação e o desenvolvimento do pensamento?"

No Senegal, em 1963-64, tive a oportunidade de observar a introdução da educação e alfabetização formais em uma cultura oral. Pela primeira vez, a palavra escrita não era usada automaticamente como recurso básico, sendo em minha própria cultura quase que uma segunda natureza. Minhas pesquisas com outros meios de comunicação começaram paralelamente ao desenvolvimento de programas de rádio para crianças na KPFK — a Estação Pacífica de Los Angeles. Meus colegas e eu comparamos os efeitos do rádio aos da televisão. Do ponto de vista teórico, a palavra escrita e o rádio fornecem um contraste natural para mostrar o impacto que a televisão trouxe quando foram passadas a ela a maioria das funções atribuídas aos meios de comunicação mais antigos. Esta perspectiva comparativa está no capítulo 6.

A idéia de escrever o presente livro surgiu quando meu filho Matthew me atraía para a era do computador. Tinha curiosidade em saber o que eram os microcomputadores e o que acontecia com crianças, como Matthew, que estavam fascinadas por eles. Primeiro, imaginei um capítulo sobre crianças e informática, encerrando o livro em um tom futurista. Mas o futuro chegou mais depressa do que pensei e o capítulo planejado para tratar deste assunto desdobrou-se em dois. À medida que Matthew me guiava pelo mundo dos *videogames*, o que planejara como subseção do capítulo sobre computadores tornou-se um capítulo em si.

Estes dois capítulos foram difíceis de escrever porque não podia abordá-los com a profundidade que o faria um estudioso da área. Na área dos *videogames* não havia nem mesmo especialistas para consultar. Só podia tratar do assunto como uma antropóloga que estuda uma cultura estrangeira. Queria identificar qual seria a natureza das motivações e habilidades que as crianças têm na cultura de vídeo/computador, habilidades que eu, como membro de uma cultura diferente, não possuo. Desejava saber porque as habilidades, tão simples e óbvias para meu filho adolescente, eram difíceis e, algumas vezes, impossíveis para mim. As respostas a que cheguei estão nos capítulos 7 e 8.

Sem a generosa ajuda que recebi, este livro seria bem mais modesto. Ao iniciar as pesquisas, contei com o valioso apoio de Valeria Lovelace e Mary Smith da *Children Television Workshop*; Midian Kurland, Jan Hawkins, Samuel Gibbon, Cynthia Char e Karen Sheingold do *Bank Street Center for Children and Technology*; James Levin, pesquisador pioneiro de informática para crianças no Laboratório de Desenvolvimento Humano Comparativo da Universidade da Califórnia, San Diego; Sherman Rosenfeld, especialista em aprendizado infantil informal de ciência e tecnologia; e Thomas Malone, do Centro de Pesquisas da Xerox, em Palo Alto, autor da primeira pesquisa experimental sobre crianças e *videogames*.

Escrever este livro tornou-se empolgante devido aos contatos que mantive com várias pessoas. Discuti o primeiro rascunho com meu vizinho e amigo Andy Weiss, cineasta e estudioso da área de comunicação, que me ofereceu não somente apoio, mas se referiu a exemplos interessantes que foram integrados nos rascunhos posteriores. Enquanto escrevia, Matthew estava freqüentando um curso avançado de inglês que associava cinema com literatura. Esta aula, a reação dos alunos a ela e as discussões com seu professor, Jim Hosney (instrutor da *American Film Institute* e também do *Crossroads School*), profundo conhecedor da área, confirmaram e ampliaram minhas idéias sobre o papel educativo da televisão e do cinema. As conversas com Tom Baum, velho colega de ginásio, agora roteirista de Hollywood, foram estimulantes e agradáveis. Winifred White, membro do Departamento de Programação Infantil da NBC, deu-me outra perspectiva sobre a televisão para crianças, bem como algumas informações úteis.

Hilda Himmelweit, pesquisadora pioneira da televisão para crianças, deu-me orientações significativas a respeito da evolução das pesquisas na área e a perspectiva britânica sobre o assunto. Mallory Wober, da *Independent Broadcasting Authority*, da Inglaterra, generosamente preencheu as lacunas de meus conhecimentos sobre a televisão britânica, enviando-me material e respondendo às minhas perguntas. Ajudou-me também a repensar alguns problemas intrincados.

Susan Chipman, do Instituto Nacional de Educação, fez críticas severas e muito proveitosas do capítulo sobre o computador e, atenciosamente, enviou-me material com o qual pude esclarecer as questões que levantara, atendendo às injustas limitações do tempo impostas por mim. Karen Sheingold ajudou-me a modificar o capítulo 8, fazendo comentários sobre os capítulos e me enviando os últimos relatórios não-publicados do *Bank Street Center for Children and Technology*. Gavriel Salomon fez comentários sobre um capítulo, enviando-me materiais novos e interessantes e esclarecendo gentilmente as minhas dúvidas sobre seu trabalho. Aimée Door forneceu-me material difícil de localizar. Sylvia Schibner leu todo o rascunho inicial; seus comentários fizeram-me sentir que estava no caminho certo e suas sugestões foram extremamente proveitosas para a revisão.

Jessica Beagles-Roos foi minha colega constante durante a pesquisa sobre rádio e televisão, patrocinada pelo Instituto Nacional de Educação dos EUA. Leu, também, os rascunhos iniciais de diversos capítulos, efetuando a análise de dados que modificou substancialmente o capítulo 5.

Wendy Weil, uma velha amiga, parceira de "canoagem" e agente literária, *par excellence*, deu-me conselhos excelentes sobre uma série de pontos cruciais. Paul Riskin habilmente fez as ilustrações computadorizadas para o capítulo sobre *videogames*. Richard Stengel sugeriu o nome do livro.

Meus pais, David e Doris Marks, já falecida, deram-me todo o apoio durante a elaboração da obra e fizeram comentários sobre uma série de capítulos. Minha mãe também serviu, voluntariamente, como assistente de pesquisa para meu projeto sobre rádio-televisão, codificando com exatidão grandes quantidades de dados.

Cito aqui outros que gentilmente se ofereceram para ler os rascunhos de alguns capítulos: Edward Palmer, Thomas Malone, Laurence Meringoff, Kathy Pezdek, Jerome Johnston, Gordon Berry, Sherman Rosenfeld e meus editores Eric Wanner, Helen Fraser, Barbara Lloyd, Jerome Bruner e Michael Cole. Além disso, o *feedback* positivo nos estágios iniciais e a disponibilidade total durante todo o trabalho por parte de Eric deram-me coragem e entusiasmo para terminar o projeto. Minha revisora, Camille Smith, conseguiu tornar o livro acessível a um maior número de leitores, apesar de trabalhar com uma autora temperamental que não queria que seu bebê sofresse uma grande cirurgia.

Meus filhos, Lauren e Matthew, mostraram-se tolerantes enquanto não lhes dei atenção, dedicando-me integralmente à elaboração do livro. Mais que isso, ambos ajudaram com o próprio projeto. Lauren tirou fotos para o livro e fez pesquisas em bibliotecas e serviços gerais, mesmo contra vontade. Matthew ensinou-me a jogar *videogame*, iniciou-me em outros jogos mais novos e interessantes, leu capítulos, colocou correções manuscritas no microcomputador, passou os capítulos no programa de leitura de provas, juntou as referências de *software* e colaborou nas ilustrações do capítulo sobre *videogames*. Mais que tudo, foi uma fonte constante de apoio moral até o término do trabalho.

Gostaria de expressar meus agradecimentos e apreço a todos estes colaboradores. Espero que cada um deles encontre satisfação com o produto final de todos os nossos esforços.

P. M. G.

1. OS MEIOS DE COMUNICAÇÃO ELETRÔNICOS

Existe na Califórnia um grupo chamado "Os Batatas do Sofá",* que se consideram os "verdadeiros televisionários". Tiraram esse nome de seu lugar preferido para vegetar diante do aparelho de TV, e de um vegetal com muitos olhos. Um anúncio para recrutar novos membros para o grupo diz assim: "Você gosta de assistir à TV em excesso? Você passou alguns dos momentos mais agradáveis de sua vida diante da TV? Enquanto bebê, você foi embalado pela 'babá eletrônica'? Você se aborrece com intelectuais rabugentos que afirmam que assistir à televisão é contraproducente e uma perda de tempo? Gosta de passar a maior parte do tempo refestelado no sofá?"

Quando solicitado por um repórter a comentar sobre um sistema de TV com duplo cabo, que permite que os telespectadores conversem com a televisão, um dos elementos do grupo respondeu: "Para que assistir à TV se você tem que pensar e responder? Para mim, o objetivo principal de assistir à TV é que ela permite que você evite isso. Em outras palavras, se for para conversar com a TV, é melhor sair e fazer amigos, ler um livro, ou coisa parecida."(1)

"Os Batatas do Sofá" deliberadamente ridicularizam, levando ao extremo absurdo a idéia de que a televisão é um meio de comunicação passivo e antiintelectual, um meio que estimula as pessoas a vegetar. Esta opinião é partilhada por muitos outros que consideram os perigos da televisão muito sérios para se brincar com o assunto. A queda de pontos alcançados em testes padronizados, os níveis crescentes de violência na sociedade, a dificuldade que os estudantes universitários têm para escrever — estas e outras tendências são atribuídas ao número de horas que a recente geração de crianças passa diante da TV.

Nos últimos anos, um novo meio de comunicação surgiu, fascinando jovens e preocupando os pais: os *videogames*. Alguns adul-

---

* Em inglês, *The Couch Potatoes*. (N. da T.)

tos temem que, mais que a televisão, os *videogames* sejam, na melhor das hipóteses, fúteis e, na pior, bestificantes e violentos. Enquanto muitos vêem a familiaridade dos jovens com os microcomputadores como uma tendência promissora, outros temem que ela reforce inclinações associais, ou mesmo, anti-sociais.

Minha opinião pessoal é que os efeitos prejudiciais que a mídia eletrônica tem sobre as crianças não são intrínsecos à própria mídia, mas resultam das formas como esta é usada. Muito do conteúdo da TV comercial pode ter um efeito negativo sobre as atitudes sociais das crianças. Os próprios comerciais usam técnicas sofisticadas para instigar os telespectadores a desejarem adquirir certos produtos, e as crianças pequenas não possuem defesas contra tais técnicas. Assim, assistir à televisão *pode* tornar-se uma atividade passiva, paralisante, se os adultos não orientarem o que os seus filhos devem ver na TV, ensinando-os a assistir criticamente e aprender com o que assistem.

Contudo, a televisão e a mídia eletrônica mais recentes, se usadas com inteligência, têm grande potencial para contribuir com a aprendizagem e o desenvolvimento da criança. Proporcionam habilidades mentais diferentes das desenvolvidas pela leitura e pela escrita. A televisão é um recurso mais indicado que a palavra escrita para transmitir certos tipos de informação e, além disso, torna a aprendizagem acessível a grupos de crianças que não se saem bem em situações escolares tradicionais e até a pessoas que não sabem ler. Os *videogames* introduzem as crianças no mundo dos microcomputadores, numa época em que estes se tornam cada vez mais importantes, tanto em diversos campos profissionais como na vida diária. A qualidade interativa tanto dos *videogames* quanto dos computadores impele ativamente as crianças a gerarem estímulos e informações e não meramente a consumi-los.

A idéia de que a televisão pode ser uma força positiva na vida das crianças perdurou durante décadas. Um estudo clássico foi feito na Inglaterra, na década de 50, quando menos de 10% das famílias inglesas possuíam aparelhos de TV e ainda era possível comparar crianças que tinham televisão com as que não tinham. Os pesquisadores sugeriam que os pais e professores se informassem sobre a televisão, não apenas para impedir que as crianças vissem programas prejudiciais, mas também para encorajá-las a assistir a bons programas. Recomendavam a discussão dos programas em casa e na escola, tanto para neutralizar visões unilaterais quanto para reforçar o impacto de bons programas. E recomendavam a despertar o espírito crítico nas crianças, com o intuito de ajudá-las a distinguir a fantasia da realidade. Um estudo feito nos EUA, alguns anos mais tarde, apontou muitas das mesmas sugestões.(2)

Durante o período em que foram realizados estes primeiros estudos a televisão tornou-se amplamente difundida, tanto na Inglaterra como nos EUA. Todavia, pouco progresso se fez no sentido de empregá-la de uma forma positiva ao passo que a consciência de seus perigos se expandiu. Surgiram muitas obras a respeito dos efeitos negativos da televisão sobre as crianças: os títulos de dois livros interessantes sobre o assunto, *The Plug-In Drug* (A Droga da Tomada) e *Four Arguments for the Elimination of Television* (Quatro Argumentos a Favor da Eliminação da Televisão) sintetizam esta mensagem.(3) Mas não temos a opção de nos livrarmos da televisão. A televisão, os *videogames*, os computadores e outros recursos da informática vieram para ficar e sua crescente penetração torna imprescindível a descoberta de uma utilização melhor para eles.

A MENSAGEM DO MEIO

Há vinte anos, Marshall McLuhan expôs a tese revolucionária de que "o meio é a mensagem".(4) Sua idéia era que cada meio de comunicação produz efeitos sociais e psicológicos sobre seu público, relações sociais únicas e uma forma de consciência ou modo de pensar singulares que quase independem do conteúdo que é transmitido. Estes efeitos constituem a mensagem do meio. A famosa frase de McLuhan é amplamente citada (mesmo não sendo na mesma proporção entendida). Porém, seu próprio trabalho, que consiste principalmente de análise literária e intuição artística, proporciona mais especulações gerais do que informações com base científica sobre a natureza desses efeitos. Além disso, dois meios intimamente ligados que atualmente tornam-se cada vez mais importantes, os *videogames* e os computadores, não existiam como meios de comunicação de massa na época em que McLuhan escreveu. Atualmente, a pesquisa sobre os efeitos dos meios de comunicação é um campo florescente, mas estamos só começando a entender, a partir de uma perspectiva científica, qual a influência dos meios de comunicação, desde a palavra escrita e o rádio à televisão, *videogames* e computadores em nossa consciência.

No presente livro, tento decifrar a mensagem de cada meio, no que diz respeito às crianças e ao seu desenvolvimento. (Embora o foco seja a criança, o livro é, na verdade, sobre como todos nós, crianças e adultos, somos socializados pelos meios de comunicação. Ele trata da mídia e do desenvolvimento *humano* e não meramente do período de desenvolvimento *infantil.*) Grande parte da obra é dedicada à televisão, o meio com o qual a criança despende maior número de horas. (Em geral, incluo o cinema como parte da televisão, ao invés de tratá-lo como um meio separado.) Em seguida, falo dos computadores, *videogames* e outros recursos da informática. Estes meios são recentes demais para que seu estudo tenha atingido um nível mais aprofundado. Enquanto minha análise sobre os efeitos da televisão baseia-se numa grande quantidade de dados empíricos, a discussão sobre informática é, necessariamente, mais especulativa.

Dois outros meios de comunicação, a palavra escrita e o rádio, são abordados mais para fins comparativos. A palavra escrita foi historicamente o primeiro meio de comunicação de massa, estando intimamente ligada ao desenvolvimento da educação formal. O rádio foi o segundo meio de comunicação de massa e continua sendo o mais importante na maioria dos países do Terceiro Mundo. A fim de entendermos as mudanças psicológicas trazidas pela televisão, é vital compararmos seus efeitos com aqueles resultantes dos meios de comuniciação que a precederam. Para muitos, a palavra escrita é o símbolo da educação e o padrão a partir do qual todos os outros meios tendem a ser avaliados. As pessoas que defendem este ponto de vista freqüentemente consideram a televisão, o cinema e outros meios de comunicação eletrônicos mais recentes como uma ameaça à palavra escrita. Entretanto, cada meio tem sua maneira própria de apresentar um assunto.(5) Faz pouco sentido privilegiar um meio, como o fizeram os intelectuais e o sistema educacional com a palavra escrita. Como colocou McLuhan, "confundimos razão com instrução letrada e racionalismo com uma tecnologia isolada".(6)

Embora tenha sido socializada e educada principalmente através da palavra escrita, meu objetivo neste livro é manter uma visão equilibrada dos diversos meios, delineando os pontos positivos e negativos de cada um enquanto meio de comunicação e de aprendizado. Cada um deles tem uma contribuição a dar para o desenvolvimento humano. O ponto forte de um é a fraqueza de outro; assim os meios se complementam, em vez de se oporem. O desenvolvimento equilibrado do indivíduo requer um contato balanceado com os vários meios. Crescendo expostas a uma diversidade de meios de comunicação, as crianças podem não concluir sua educação com tanta prática em leitura, como antigamente. Mas adquirem um conjunto de habilidades mais diversificado do que era possível quando a palavra escrita era o meio de comunicação de massa dominante.

À medida que cada meio novo se destaca, os já existentes tendem a preencher novas funções ou a se restringir ao que fazem melhor.(7) Com o surgimento da televisão, o rádio especializou-se em música. A leitura tornou-se mais orientada à instrução, ao passo que a leitura de romances como lazer foi, até certo ponto, suplantada pelos filmes. É hora de analisar se em nosso sistema educacional foram ou não atribuídas à palavra escrita funções que outros meios podem fazer melhor.

Não quero dar a impressão de ver apenas o aspecto bom dos meios de comunicação. Cada um deles tem problemas, bem como possibilidades. Algumas crianças assistem demais à televisão, sendo preciso reduzir o número de horas que despendem para isto: em uma experiência, notou-se que com a diminuição do tempo que crianças de 6 anos assistiam à televisão, elas alteraram seu estilo intelectual, que passou de impulsivo para mais reflexivo, produzindo aumentos nos QIs não-verbais.(8) É importante, também, por uma série de razões, orientar as crianças para evitarem programas violentos.(9) A habilidade de ler e escrever é vital na sociedade moderna, e não se deveria permitir que os meios de comunicação mais recentes constituíssem entrave para o desenvolvimento da leitura e da escrita de nossos filhos. Estas habilidades requerem a participação ativa e o esforço mental da criança, de forma que a passividade propiciada pela televisão deve ser eliminada, caso se queira que a televisão se torne um recurso para a aprendizagem.

Entretanto, apesar de serem importantes, tais observações negativas sobre a TV já foram bastante difundidas. É muito mais urgente gerar idéias positivas que possam ajudar a tornar a televisão e os novos meios de comunicação eletrônicos recursos construtivos na vida das crianças. Neste livro enfatizo mais o potencial de cada meio do que a forma como são usados. Delineio o papel positivo que cada um pode ter em um mundo composto essencialmente por múltiplos meios de comunicação. Na maioria dos casos, não procuro soluções para os problemas que as crianças enfrentam ao utilizar tais meios, sugerindo aperfeiçoamentos nos próprios meios. Embora inúmeras sugestões possam ser encontradas por todo o livro, minha ênfase dominante está na escolha de exemplos positivos, efeitos positivos e usos construtivos de cada meio isolado ou em conjunto. No momento, esta parece ser uma abordagem prática, pois os próprios meios estão geralmente além do controle que os indivíduos precisariam ter para modificá-los, e os pais e professores devem lidar da melhor forma possível com as condições reais dos meios disponíveis às crianças. Ao chamar a atenção para os aspectos e usos positivos de cada meio de comunicação, tal como existem agora, espero contribuir para que se descubra um número ainda maior de práticas e exemplos positivos.

Adequadamente usados, todos os meios de comunicação, sem exceção, podem fornecer oportunidades para a aprendizagem e o desenvolvimento humanos. Deve-se determinar, agora, de que forma cada meio pode ser melhor utilizado, para que possa contribuir para um sistema criativo da multimídia educacional.

2. A LINGUAGEM DO CINEMA E DA TELEVISÃO

As crianças nem sempre entendem o cinema ou a televisão da mesma forma que os adultos. Um amigo meu lembra-se das impressões errôneas que ele tinha da televisão quando pequeno: ele pensava que se ficasse mudando de canal veria partes diferentes do corpo do mesmo personagem. Por exemplo, se a cabeça de um personagem estivesse na tela, ele pensava que os pés estariam em outro canal. Para ele, a tela era um espaço do mundo real, e tudo o que acontecia nesse espaço certamente tinha uma relação entre si. Esse mesmo amigo conta ter ouvido de uma criança, de cerca de 3 anos, no filme *E.T.*, toda vez que o personagem Elliot estava fora da tela, a seguinte pergunta: "Cadê o Elliot, pai? Cadê o Elliot?" Ele não percebia que uma dada tomada não passava de uma *amostra* do mundo de um filme: que um personagem pode estar fora do foco da câmera e ainda continuar existindo e participando do filme.

Como ilustram esses casos, nosso entendimento do cinema ou da televisão depende do conhecimento do código simbólico do meio. Por exemplo, se a Imagem A e a Imagem B se alternam na tela em fragmentos progressivamente menores e mais rápidos (técnica conhecida como montagem acelerada), um indivíduo, habituado ao código, entenderia que A e B ocorrem ao mesmo tempo, mas em espaços distintos, e que se interpõem tanto espacial quanto dramaticamente. Aprender a decodificar os símbolos do cinema e da televisão é algo como aprender a ler. As habilidades necessárias não são tão específicas quanto as da leitura, mas não se pode deixar de considerá-las. Como extensão metafórica da palavra escrita, vou me referir ao conhecimento deste código audiovisual como linguagem televisiva ou fílmica. Como a televisão e o cinema usam os mesmos códigos básicos e já que se passam filmes na televisão, trato-os neste livro como equivalentes, embora alguns teóricos, notadamente Marshall McLuhan, ressaltem suas diferenças. Muito freqüentemente, uso o termo linguagem televisiva, de modo a incluir a linguagem fílmica.

Alguns dos elementos que o telespectador deve decodificar são visuais, gerados por técnicas tais como corte de uma tomada a outra, rotação da câmera de um lado da cena a outro, deslocamento para uma tomada a distância, ou *close*, divisão da tela. Outros são auditivos, como narradores invisíveis ou gravações de risadas. Cada uma dessas técnicas equivale a algo no mundo real. Por exemplo, quando a câmera focaliza um detalhe, expressa uma relação entre aquele detalhe e seu contexto mais amplo. Um corte simples geralmente significa mudança de perspectiva numa cena. Uma fusão (onde uma tomada dissolve-se visualmente em outra) significa mudança de cena ou de tempo. A divisão da tela denota um ato de comparação. O uso de narrador invisível implica que a pessoa que narra tem alguma distância, física ou psicológica, da cena que está sendo descrita. O conjunto destas convenções simbólicas forma um código que o espectador deve conhecer, a fim de compreender o que acontece na tela.(1)

Uma razão pela qual as crianças algumas vezes não conseguem entender a linguagem fílmica ou televisiva, é que nem sempre elas sabem como interpretar as relações entre as tomadas (uma tomada é uma seqüência continuamente focalizada pela câmera). Estas relações geralmente veiculam informações espaço-temporais; por exemplo, duas tomadas sucessivas podem representar uma mudança de cena ou dois pontos de vista sobre a mesma cena. Sinais visuais separando duas grandes unidades fílmicas, tais como fusões e encadeamentos (onde uma tomada gradualmente dissolve-se no escuro ou forma-se a partir dele) servem como pontuação, indicando de que forma as tomadas se interligam.(2) A capacidade de entender tais interligações depende, em parte, do estágio de desenvolvimento da criança. Há evidências de que as crianças até pouco mais de 7 anos não conseguem inferir corretamente as relações entre as cenas dos programas de televisão para adultos. Crianças menores tendem a tratar cada tomada como uma entidade separada. A maioria das crianças pequenas nem mesmo usa a *ordem* das tomadas para interpretar uma seqüência dramática; assim, suas recordações do programa possuem uma qualidade fragmentada.(3)

Pesquisas recentes nos Estados Unidos indicam que a capacidade de interpretar uma seqüência de tomadas existe, de certa forma, até mesmo nas idades mais tenras.

Após assistirem a um filme com fantoches, feito especialmente para crianças, com duração de 30 segundos e um tema familiar, mesmo crianças de 3 a 5 anos puderam reproduzi-lo usando os mesmos fantoches do filme, e suas reconstruções foram exatas tanto quando o filme consistia de tomadas separadas, como quando ele consistia de uma tomada única de 30 segundos.(4) Desse modo, crianças entre 3 e 5 anos em um país saturado pela TV, como os Estados Unidos, têm um conhecimento rudimentar das inter-relações entre tomadas, que podem aplicar a programação adequada a seu nível, embora sejam incapazes de compreender as conexões nos programas adultos (que, no entanto, adoram assistir). O aprimoramento desta habilidade faz parte de um processo de desenvolvimento que não se completa antes dos 10 anos.(5)

Mesmo depois de captarem a idéia básica sobre a seqüência de tomadas, certos recursos (o que os cineastas chamam de técnicas de montagem) ainda podem confundi-las. Um segundo estudo usando curtas-metragens com fantoches demonstrou que mais de 80% das crianças de 4 anos de idade representaram corretamente a ação descrita em uma única tomada, sem o uso de técnicas de montagem, mas quase a metade não entendeu a montagem acelerada representando duas pessoas ou dois veículos se aproximando. Tais inferências sobre o tempo parecem particularmente difíceis. Inferências sobre a perspectiva do personagem — o que alguém vê ou pensa — foram mais fáceis: cerca de 60% das crianças de 4 anos entenderam uma técnica que mostra a perspectiva do personagem colocando a câmera onde se supõe que ela esteja e usando transposição de voz para apresentar a voz do personagem.

As crianças de 4 anos não tiveram problema para entender a elipse, na qual duas partes de uma ação são mostradas com um intervalo entre elas, cabendo ao espectador preencher mentalmente este intervalo. A relativa facilidade de interpretação dessa técnica pode derivar do fato de que, em termos de desenvolvimento, a compreensão da ação precede o entendimento do tempo ou a perspectiva de outra pessoa. Na reconstrução do espaço a partir de uma sucessão de tomadas, do movimento da câmera, ou de uma visão parcial, registrou-se um nível de dificuldade intermediário, quase o mesmo que a perspectiva do personagem. O entendimento de todas as técnicas melhorava com a idade.(6)

A falta de compreensão das técnicas de montagem pode levar ao não entendimento da ação dramática. Na Alemanha, algumas crianças de 6 anos assistiram pela TV *Town and Country Mouse* (O Rato da Cidade e o Pato do Campo) e pensaram, ao ver as tomadas em *close* e em grande plano do herói do filme, que se tratasse de dois personagens diferentes; ao ser focalizado de perto ele parecia mais velho. Quando adultos africanos, que não tinham familiaridade com filmes e fotografias, viram filmes sobre pestes causadas por insetos, eles expressaram sua satisfação por não haver lá insetos tão grandes quanto os apresentados nas tomadas em *close*.(7)

23

Evidentemente, a experiência específica com o código fílmico é necessária, bem como um certo estágio de desenvolvimento cognitivo, para se entender os símbolos usados na televisão e no cinema.

Em Israel, Gavriel Salomon e Akiba Cohen estudaram a compreensão de técnicas de montagem com crianças de 10 anos, usando cinco versões de um filme de oito minutos. Uma versão baseava-se na fragmentação do espaço: fizeram-se tomadas de diferentes pontos de vista, de forma que o espectador tivesse de interligar espaços fragmentados para compreender a trama. Outra versão continha intervalos lógicos: segmentos de algumas cenas foram apagados, criando breves pausas na continuidade. Uma terceira versão continha vários *closes* intercalados com tomadas em grande plano; uma quarta versão com o uso da técnica de *zoom*, intercalando *closes* e afastamentos.*

A quinta versão era a mais simples e direta possível. As crianças lembraram-se mais da versão direta do que de qualquer outra em que deveriam estabelecer uma relação causal ou espacial entre as tomadas. Só a versão utilizando a técnica de *zoom* foi tão bem entendida quanto a versão direta.(8)

Zoom é uma tomada única e, portanto, não requer que o espectador infira uma relação entre as tomadas. Esse trabalho apóia a pesquisa norte-americana em dois pontos importantes: o entendimento das técnicas visuais não deve ser presumido, e o uso dessas técnicas afeta a compreensão de um filme.

Os pesquisadores israelenses fizeram-se outra pergunta: a capacidade de uma criança entender as técnicas visuais de um filme depende de habilidades visuais mais gerais? Foram feitos testes com crianças para se verificar suas habilidades relativas às técnicas de edição usadas nas diferentes versões do filme. Um destes testes, a Tarefa de Construção Espacial (veja a figura 1) pedia que a criança juntasse quatro quadros para formar um todo. Isto corresponde à técnica na qual tomadas de câmera de partes de algumas cenas devem ser mentalmente integradas para formar a imagem do todo.

Todas as versões do filme, menos a direta, exigiam que a criança coordenasse partes da informação espacial. Como se esperava, o êxito na Tarefa de Construção Espacial correlacionava-se com a compreensão de todas as versões do filme, menos a direta: quanto melhor na Tarefa de Construção Espacial, melhor a criança entenderia os filmes de edição mais sofisticados. Este resultado implica que a compreensão do cinema, com seus artifícios simbólicos, relaciona-se com habilidades visuais mais gerais.

---

* Técnica conhecida como *Zoom*. (N. da T.)

Figura 1. Item do Teste de Construção Espacial. (*In* Salomon, *Interaction of Media, Cognition and Learning.*)

A AQUISIÇÃO DA LINGUAGEM TELEVISIVA

É difícil distinguir se o aprimoramento das habilidades que possibilitam a compreensão da linguagem da TV deve-se à maturação e vivência geral da criança ou à sua experiência específica com a televisão. Trabalhando em Israel, um país com bem menos TV do que os Estados Unidos, Salomon foi capaz de avaliar o impacto da televisão sobre essas habilidades. Em certo sentido, seu trabalho testa como se alcançaria o domínio da linguagem televisiva: seria ela adquirida através da experiência com o meio, tal como a palavra escrita?

Vila Sésamo foi introduzida em Israel, em 1971. Naquela época, Israel era o que Salomon chama de inexperiente, no que se refere à televisão: havia somente um canal, introduzido há 3 anos, que transmitia apenas quatro horas por noite, sendo meia hora dedicada à programação infantil. O estilo de *Vila Sésamo*, baseado no estilo caleidoscópico dos comerciais americanos, era totalmente inédito.

Além de examinar o impacto de *Vila Sésamo* sobre a aquisição de conhecimento específico, tal como o conhecimento do alfabeto, Salomon elaborou testes para medir habilidades relacionadas ao código de representação simbólica do programa.(9) Um exemplo de um dos testes está na figura 2. O êxito nesta tarefa envolve o entendimento da mudança do ponto de vista visual e a capacidade de a criança imaginar um ponto de vista diferente do dela. Este teste relaciona-se à técnica em que a câmera mostra o mesmo objeto ou pessoa a partir de diferentes ângulos. A idéia era que o desempenho da criança neste teste melhoraria à medida que ela assistisse a cenas de TV que usassem tal técnica.

As crianças de 7 a 9 anos que sempre assistiam à *Vila Sésamo* foram significativamente melhor em todos os testes. Este resultado valeu tanto para crianças da classe média quanto da classe operária. Em outras palavras, as crianças que assistiam muito a este programa, independentemente de sua classe social, estavam adquirindo a linguagem específica da televisão, tal como entender o significado de um *close*. De fato, a linguagem televisiva é desenvolvida quando se assiste a programas de TV.

As crianças com maior domínio da linguagem televisiva também apreendem melhor o conteúdo dos programas. O conteúdo em *Vila Sésamo* inclui a aprendizagem de números, letras e assim por diante. De fato, uma vez dominada a linguagem televisiva tornou-se mais fácil para as crianças apreenderem o conteúdo ensinado pelo programa. O efeito oposto, entretanto, não ocorreu; o aprendizado do conteúdo cognitivo não influenciou a aquisição posterior de habi-

Imagine que você é a menina sentada na janela. Como você veria o pintor?

Figura 2. Item do Teste de Mudança de Pontos de Vista. (*In Salomon, Interaction of Media, Cognition and Learning.*)

lidades para o domínio da linguagem televisiva. Esta descoberta aplica-se tanto ao aprendizado na escola quanto fora dela, e tanto a alunos mais velhos quanto a crianças pequenas. Por exemplo, numa aula de física no ginásio, que incluía uma série de filmes, os alunos mais familiarizados com o cinema em geral obtiveram um nível de aproveitamento melhor. Parece que o valor do filme como recurso educacional depende do nível de domínio da linguagem fílmica que os alunos possuem.(10)

Dessa forma, o domínio da linguagem televisiva, alcançado em parte através de exposição à televisão, e em parte pelo desenvolvimento da criança, torna possível o uso da televisão para lhe transmitir conhecimentos e habilidades cognitivas. O paralelo com a palavra escrita é patente: a aquisição de habilidades básicas da linguagem possibilita à criança utilizá-la para transmitir informações e idéias. Existe uma diferença, contudo: as crianças precisam ser *ensinadas* a ler e escrever, mas aprendem a linguagem televisiva sozinhas, simplesmente assistindo à televisão.

Salomon também fez experiências para verificar se o uso da televisão aprimora as habilidades visuais gerais das crianças. Muitas das técnicas televisivas tornam visíveis relações que de outra forma teriam de ser elaboradas na mente da pessoa. Por exemplo, quando a câmera focaliza um detalhe, isso torna a relação entre uma parte e seu todo visualmente explícita. Salomon investigou se o uso da técnica de *zoom* para destacar detalhes poderia ajudar crianças da oitava série a discriminar detalhes de uma imagem visual complexa que não fosse televisada.(11) Mostrou a um grupo de crianças filmes de uma pintura, nos quais a câmera focalizava detalhes e afastava-se novamente para mostrar o quadro inteiro oitenta vezes. Outro grupo de crianças simplesmente praticava a identificação de detalhes a partir da observação do *slide* de uma pintura. As crianças foram testadas antes e depois deste treinamento, devendo apontar o maior número de detalhes possível a partir do exame de *slide* de uma cena, em sala de aula.

Salomon descobriu que o benefício do treinamento dessas técnicas de *zoom* dependia do nível inicial de habilidade visual da criança. As crianças com habilidades pouco desenvolvidas para perceber detalhes beneficiaram-se muito mais com a técnica de *zoom* do que com a prática comum com o uso de *slides*. Mas as crianças que já tinham habilidade para perceber detalhes visuais, na verdade, foram ligeiramente pior após serem treinadas com a prática de *zoom*: para elas, o treino comum foi mais útil.

Sendo assim, o valor da técnica de *zoom* no ensino da relação entre um detalhe e a figura como um todo parecia maior nos estágios iniciais de aprendizagem. A um certo nível de habilidade, a tarefa mais desafiadora de discriminar detalhes sem a ajuda da câmera tornou-se a melhor forma de aperfeiçoar tal habilidade. O mesmo padrão de resultados foi obtido com outras técnicas de filmagem. Parece que estas podem promover o aprimoramento de habilidades visuais. Mas ao padronizar os processos visuais, a câmera diminui parcialmente a participação do espectador. Assim, a televisão pode prejudicar um espectador que já possui as habilidades básicas. Neste ponto, o desenvolvimento ulterior requer um tipo de prática mais independente e ativa.

USANDO RECURSOS E ESQUEMAS DE TELEVISÃO PARA MELHORAR O APRENDIZADO

Alguns recursos da televisão atraem mais a atenção das crianças do que quaisquer outros. Por exemplo, a ação e os efeitos sonoros atraem mais a atenção do que o diálogo. O uso destes recursos para destacar pontos importantes de uma narrativa torna-os mais compreensíveis a crianças de 5 a 6 anos de idade. Aos 8 anos, os mecanismos para atrair a atenção tornam-se desnecessários, a compreensão é boa com ou sem eles.(12)

Um certo programa de televisão ou tipo de programa pode desenvolver seus próprios mecanismos simbólicos especiais, chamados esquemas, e a familiaridade com eles pode ajudar as crianças a aprenderem conteúdos novos através do programa. Por exemplo, *Vila Sésamo* tem esquema classificatório: quatro objetos aparecem na tela, três dos quais idênticos; o quarto é diferente em algum aspecto. Simultaneamente com essa exposição há uma canção ao fundo que começa: "Uma destas peças não é igual às outras." (13) A idéia é que, uma vez aprendido o esquema, este pode ajudar a criança a aprender maneiras mais complexas de classificar itens.

Programas do *Children's Television Workshop* (Oficina de Televisão Infantil) usam esquemas repetitivos para manter a criança ativamente envolvida ao tentar prever o que será apresentado. Em um exemplo de *The Electric Company* (A Companhia Elétrica), a câmera focaliza sinais de trânsito, como se o espectador estivesse lendo-os ao dirigir um carro. Enquanto isso, uma canção dá o nome de cada sinal, à medida que a câmera o focaliza. Depois, o "passeio de carro" é repetido sem a música, convidando a criança a dizer os nomes de cada sinal.(14) Dessa maneira, um padrão simbólico vai além da transmissão do significado e leva as crianças a criá-los sozinhas.

APRENDENDO ESQUEMAS MAIS COMPLEXOS

Algumas crianças mais velhas e adultos podem, ao ligar a TV, assistir a um programa que já está na metade e deduzir o que aconteceu desde o início até aquele ponto. Que eu saiba, não há pesquisas sobre este assunto; mas parece-me que são pessoas que se tornaram familiarizadas com os esquemas convencionais a nível mais complexo do que os existentes nos programas infantis — talvez o esquema do faroeste, de um filme de espionagem ou uma comédia de costumes. Então, a familiaridade com o esquema auxilia o entendimento e até a reconstrução do conteúdo.

Um esquema mais complexo é o de *Hill Street Blues*, um filme policial muito popular nos Estados Unidos, com vários enredos interligados. O cinema e a televisão podem retratar muitas coisas acontecendo ao mesmo tempo, em contraste com a palavra escrita e o rádio, que se limitam a descrever uma coisa de cada vez. Durante as cenas na delegacia em *Hill Street Blues*, uma única tomada mostrará muitas pessoas exercendo várias atividades relacionadas com diversos enredos. Assisti uma vez a esse programa e achei impossível acompanhá-lo. Tentei encontrar um fio condutor que relacionasse todas estas cenas complexas. Os adolescentes que também estavam assistindo ao programa comigo não tiveram dificuldade alguma e pelo menos um deles não assistia freqüentemente ao programa. Claramente, eles entendiam o esquema de múltiplos enredos e podiam usá-lo para interpretar cenas complexas.

A psicologia faz uma distinção entre processamento paralelo, onde uma pessoa recebe múltiplas informações simultaneamente, e processamento seqüencial onde uma pessoa processa um item de cada vez. Um quadro complexo tende a eliciar o processamento paralelo, enquanto que a palavra escrita induz ao processamento seqüencial. Parece-me provável que assistir à televisão, em contraste com a leitura, promove o processamento paralelo como estratégia para receber informações. A compreensão de um programa como *Hill Street Blues* provavelmente exigiria e estimularia esta estratégia.

O conhecimento de esquemas complexos tem valor na previsão, tanto quanto no entendimento. Pessoas muito habituadas à TV geralmente sabem o que vai acontecer num filme ou programa de televisão. Ao assistir a um novo policial com meu filho de 13 anos, Matthew, fiquei surpresa ao descobrir que o criminoso era a própria filha do policial. Matthew respondeu: "Tinha de ser a filha dele. É assim que funcionam todas estas histórias policiais. Tudo está interligado." Não só Matthew é capaz de predizer, mas baseia seu prognóstico no conhecimento de um esquema dramático repetitivo.

Steven Spielberg, membro da primeira geração de cineastas que cresceu assistindo à televisão, começou a levar em conta esta sofisticação de seu público. Em uma entrevista, após a estréia de *E.T.* e *Poltergeist*, Spielberg disse que, após uma certa tomada, ele tenta desestabilizar seu público nas duas tomadas seguintes, ao invés de introduzir a cena que esperariam ver em seguida. Não quer que seu público seja capaz de deduzir como terminarão seus filmes. Implícita neste comentário está a idéia de que eles conseguirão deduzir, se o esquema for muito convencional. Spielberg observou em seu filme anterior, *Os Caçadores da Arca Perdida*, que, devido à sofisticação do público que assiste a suas fitas, fazer um filme é como jogar "uma espécie de xadrez cinético — se você não estiver cinco jogadas na frente deles, você está morto".(15) Spielberg vai além dos esquemas convencionais já dominados pelo experiente público de cinema e isto contribui para que seus filmes sejam tão populares.

A idéia do domínio da linguagem televisiva ou fílmica pode ser agradável a muitas pessoas porque implica que, mentalmente, elas estão fazendo mais do que vegetar quando sentam-se diante do televisor. Pode ser reconfortante, principalmente para os pais, pensar que, embora menos versados na palavra escrita do que gostariam que fossem, seus filhos estão adquirindo habilidades relacionadas com a linguagem televisiva. A televisão também lança um desafio mental, embora, diversamente do caso da leitura, o desafio possa ser vencido sem instruções especiais. Não obstante, é necessário ter familiaridade com a televisão para se dominar seu código.

Embora o código televisivo seja complexo e variado, há o perigo de que ele seja usado automaticamente e sem esforço: que o código simbólico da televisão seja processado passiva, ao invés de ativamente. Este problema não pode ser solucionado ao nível do código. É uma questão de tomada de atitude frente à televisão e à rede de interações sociais gerada pela televisão ou o cinema. O problema crucial de como transformar o processamento automático de um código em envolvimento mental ativo com um meio será discutido nos próximos capítulos.

3. TELEVISÃO E APRENDIZAGEM

Parte da mensagem de um meio, como vimos, consiste em estimular no indivíduo a habilidade de processar informações, através de sua tecnologia, esquemas e códigos. Outro aspecto da mensagem do meio, também decorrente dos recursos por ele utilizados e de sua estrutura, é sua tendência a fornecer certos tipos de informação, em detrimento de outros. O fato de as imagens de televisão serem apresentadas em movimento favorecem a transmissão de dois tipos de conteúdo: informações sobre processos dinâmicos de ação e transformação, e informações sobre o espaço. A predominância do movimento visual também permite que a televisão seja adequada a habilidades mentais da criança pequena.

MOVIMENTO E APRENDIZAGEM

A característica que distingue a televisão e o cinema dos meios de comunicação precedentes é o movimento visual. Tal característica pode auxiliar na aprendizagem, pois atrai a atenção das crianças para a tela. Na Suécia, por exemplo, onde a televisão infantil usa o recurso de narrar histórias por meio de imagens estáticas em forma de livro ilustrado, as crianças dizem preferir o movimento fazendo comentários do tipo: "Não tem graça, sem movimento!" (1)

Uma segunda forma pela qual o movimento visual auxilia a aprendizagem é tornar as informações sobre a ação mais fáceis de serem lembradas. Alunos da escola de 1.º grau recordam melhor a ação de uma história narrada pela televisão do que se a mesma lhes fosse lida. A televisão torna as ações visualmente explícitas, ao passo que nos livros as ações estão visualmente implícitas, embora possam ser verbalmente descritas pela narração. As crianças que assistem à versão televisada também usam mais a ação ao se lembrarem posteriormente da história.(2)

O cinema ou a televisão podem ser utilizados para transmitir instruções sobre como executar ações. As ações têm muito a ver com aptidões manuais e físicas. Na Inglaterra, foram comparados os resultados da utilização de figuras e filmes para orientar crianças de 4 a 8 anos na montagem de um complexo jogo com blocos de madeira.(3) Embora as figuras ofereçam alguma ajuda (se comparadas com a ausência de instruções), a demonstração filmada transformou a tarefa num êxito. O movimento visual intrínseco à televisão e ao cinema torna-os meios adequados ao ensino de tarefas que envolvam aptidões físicas.

Essa característica da televisão é igualmente útil no ensino de tópicos que enfatizam mais os processos dinâmicos do que os estados estáticos. Um exemplo vem da Suécia. Crianças de 5 a 7 anos de idade assistiram a filmes sobre o processo pelo qual uma árvore passa *De Semente a Poste Telefônico*.(4) Um grupo viu um desenho animado narrado, outro um filme narrado, com imagens estáticas. As crianças de ambas as idades adquiriram mais informações através da versão animada.

Para as crianças de 7 anos, a vantagem do movimento estava em ensinar os processos dinâmicos apresentados no filme. No desenho animado as raízes brotavam da semente, por exemplo, ao passo que a versão estática incluía meramente desenhos da semente com e sem raízes (veja a figura 3). Ainda que o narrador, em ambas as versões, descrevesse a ação explicitamente — "de repente, uma pequena raiz rompe a película da semente" — as crianças de 7 anos que assistiram ao desenho animado lembraram-se melhor deste fato do que as que ouviram a descrição, ilustrada com o auxílio de figuras. Parece claro que o movimento tornou o processo de crescimento vegetal mais explícito e compreensível.

As crianças de 5 anos também aprenderam mais com o desenho animado, mas no caso delas, a vantagem não consistiu no aprendizado de determinados processos. Nesta idade, o movimento parece estimular fundamentalmente a atenção; mesmo o movimento irrelevante ao conteúdo do filme desenvolve sua aprendizagem.

Parece provável que os desenhos animados não auxiliaram as crianças menores a aprender o processo de crescimento vegetal, porque elas estavam na fase pré-operacional: ou seja, não haviam atingido ainda o estágio que Piaget chama de operações concretas, fase esta caracterizada por um entendimento relativamente amadurecido das transformações físicas. Por volta dos 7 anos, quando as crianças normalmente atingem esse estágio, elas estão mais capacitadas a aprender os processos físicos através de filmes.

Um estudo das reações infantis à popular série norte-americana *O Incrível Hulk* demonstra como as crianças na fase pré-operacional

Figura 3. "De repente, uma pequena raiz brota da semente." (Adaptado de Rydin, *Children's Understanding of Television.*)

podem interpretar erradamente uma transformação visível mostrada pela televisão. Na maior parte do tempo, o herói do programa, David Banner, parece ser uma pessoa comum e age como tal, mas quando fica nervoso, ele se transforma, na tela, num horrível monstro verde. As duas formas do personagem são representadas por atores diferentes; todavia, o filme é montado de modo a sugerir que o herói transforma-se no Hulk, bem diante dos olhos dos espectadores. Crianças entre 3 e 5 anos tendem a ver as duas formas do personagem como pessoas separadas. Em contraste, crianças de 9 a 11 anos, que já atingiram a fase de operações concretas, geralmente vêem David e o Hulk como um só personagem.(5) Parece que a capacidade de as crianças aprenderem ou entenderem os processos de transformação pela televisão é limitada pelo estágio de desenvolvimento cognitivo em que se encontram.

O movimento atrai a atenção da criança; ajuda-a a lembrar a ação dos fatos que se sucedem na história; pode auxiliar as crianças, na idade correta, a aprender processos, além de contribuir para o ensino de habilidades físicas. Os contextos em que estas diferentes aplicações poderiam ser feitas são, obviamente, bem diversos. A tendência a adquirir informação sobre ações é relevante para as programações de TV. Devido às suas vantagens, os filmes podem ser utilizados no ensino de processos biológicos ou físicos, sejam de caráter educativo ou ainda documentários. E pelo fato de facilitarem o ensino de habilidades físicas e manuais os filmes podem ser um recurso valioso no ensino de ofícios artesanais, profissões ou esportes.

HABILIDADES ESPACIAIS

Espera-se que as crianças desenvolvam outro tipo de habilidades, ao assistirem à televisão: as espaciais. Ao discutir o domínio da linguagem televisiva, mencionei que certas habilidades espaciais são necessárias para se interpretar algumas das técnicas visuais da televisão. Por exemplo, a habilidade de integrar diferentes perspectivas visuais é necessária para se interpretar tomadas feitas de diferentes ângulos.

Foi feito um estudo na Suíça para avaliar a eficácia da televisão no ensino de conceitos espaciais à criança. Alunos da pré-escola e do primeiro grau viram uma história na televisão; outros ouviram-na pelo rádio.(6) Nesta, os principais personagens, três crianças, enfrentavam alguns problemas espaciais. Por exemplo, eles iam espiar uma coruja e queriam que ela percebesse só uma criança. Para resolver o problema, puseram-se em fila, com a criança mais alta na frente, de forma que as mais baixas não pudessem ser vistas pela coruja. Após ver ou ouvir esta história, cada criança foi solicitada a representar as soluções para o problema, usando fantoches. Um número maior de crianças conseguiu resolver os problemas após ver a história pela televisão, do que ao ouvi-la pelo rádio. (As trilhas sonoras eram idênticas em ambas as versões.) O uso da televisão foi mais eficaz do que o rádio para as crianças menores e para os problemas mais difíceis. Na pré-escola, as crianças, aparentemente, estão prontas para aprender a resolver este tipo de problema espacial, mas somente com a ajuda de pistas visuais, tais como as fornecidas pela televisão. Mais tarde, chega uma época em que a criança é capaz de resolver tais problemas sem a ajuda de indicações visuais. Esta experiência prova que a televisão pode auxiliar a criança a aprender, ao demonstrar uma relação espacial que ela ainda não pode reproduzir por meio de informações puramente verbais. Reforça o valor da televisão para estimular uma habilidade visual/espacial num estágio inicial de aprendizagem, conforme foi colocado no capítulo anterior.

ADEQUANDO A TELEVISÃO À CRIANÇA

Vila Sésamo mostra como o conhecimento científico sobre os modos de pensar e aprender da criança, em cada faixa etária, pode ser utilizado para se criar um programa educativo infantil. Vou dar alguns exemplos.(7) Primeiro, os criadores de *Vila Sésamo* queriam determinar o que atraía a atenção de seu público potencial e enfatizar estes elementos no programa. Exemplos destes elementos são desenhos animados, fantoches e efeitos sonoros. Segundo, *Vila Sésamo* fez uso do princípio piagetiano de aquisição do conhecimento, aplicável a todas as idades: para se aprender algo novo, em geral basta conseguir relacionar isto a algo que já seja conhecido. Dessa forma, ao ensinar as letras do alfabeto, os segmentos iniciariam com um objeto familiar que tivesse a mesma forma da letra a ser ensinada. Por exemplo, Y pode ser comparado a uma bifurcação na estrada. Terceiro, *Vila Sésamo* usava o princípio de que a repetição reforça a aprendizagem. Ao testar um segmento destinado a ensinar as crianças a reconhecerem a letra J, os pesquisadores descobriram que um número maior de crianças aprendia a letra após ver o segmento várias vezes, em vez de uma só.

O programa também usa a repetição para fazer com que as crianças participem ativamente, já que o envolvimento ativo é, em geral, necessário à aprendizagem. Por exemplo, em um segmento o ator James Earl Jones recita o alfabeto e cada letra aparece próxima à sua cabeça, um pouco antes que ele a repita. Na primeira vez, a criança repete as letras junto com Jones. Após algumas vezes a criança aprende a dizê-las antes do ator, repetindo cada letra assim que ela surge na tela, mas sempre antes de Jones. Com mais repetições ainda, a criança diz o nome da letra *antes* que ela apareça. A antecipação provocada pela repetição permite que a criança aprenda o alfabeto e, também reconheça as letras individualmente.

Esse exemplo ilustra como a televisão, mesmo sendo um meio unilateral, pode ser usada para transformar a criança num participante ativo. Ficou provado, através de observações dos espectadores de 4 anos de *Vila Sésamo*, que o programa também estimula, na maioria das crianças, outros tipos de atividade, como imitar ações verbais ou físicas que ocorreram no programa.(8)

A importância da participação ativa para a aprendizagem não é específica da aprendizagem pela televisão; aplica-se a todos os tipos de aprendizagem. Transformar a televisão de um meio de comunicação passivo em ativo é fundamental para a exploração de seu potencial educativo. Boa parte das discussões deste livro mostrará como estimular a atividade através de forças exteriores ao programa em si, como por exemplo, conversas entre pais e filhos. Mas *Vila Sésamo* ressalta que, através do uso criterioso de técnicas cuidadosamente selecionadas, a televisão pode, por si só, transformar a criança num participante ativo.

Na Inglaterra, os programas infantis feitos pela BBC tentavam estimular a participação da criança muitos anos antes de *Vila Sésamo*. Um exemplo de programa infantil para pré-escolares é *Playschool* (Escola de Brincar), que estreou em 1964. Séries posteriores, tanto em canais estatais como comerciais (tais como *You and Me* e *Mr. Trimble*), seguiram a mesma tradição. Os tipos de atividade e de técnicas usadas para estimular a participação da criança eram um tanto diferentes das usadas em *Vila Sésamo*. Como exemplo, o apresentador de um programa pode fazer perguntas diretas ao espectador infantil. Num segundo tipo importante, o apresentador sugere idéias para brincadeiras e coisas para fazer. Essas são, basicamente, as mesmas técnicas que um professor de pré-escola pode usar. Entretanto, em contraste com as respostas dos espectadores de *Vila Sésamo*, as crianças em idade pré-escolar raramente respondem às perguntas ou executam as atividades sugeridas, apresentadas nesses programas.(9) (Nos EUA, a série *Mr. Rogers* consegue que as crianças respondam às perguntas ao dar a elas, talvez, bastante tempo para isto.) No que diz respeito às atividades, é difícil participar de um jogo ou fazer alguma coisa enquanto se assiste a um programa de televisão. As técnicas usadas na pré-escola podem perder sua eficácia quando transferidas para a televisão. É provável que os métodos usados por *Vila Sésamo*, que estimulam mais a atividade mental do que física — e fazem isso mais pelo esquema tático que escolheram do que para atender a pedidos dos espectadores — tiveram mais êxito porque se adaptam melhor ao meio da televisão.

As crianças inglesas, que foram sujeitos destas pesquisas, algumas vezes executam as atividades, estimuladas por programas de televisão. Mas o fazem mais *depois* de assisti-los do que *enquanto* assistem, e nisso suas mães desempenham um papel importante; o estímulo da televisão não é suficiente.(10) Tais atividades parecem exigir que um adulto dirija a forma como a criança usará a televisão, tema ao qual retornarei mais adiante.

O contraste entre as reações observadas das crianças a *Vila Sésamo* e aos programas britânicos sugere que os modos de conseguir com que as crianças participem ativamente não podem simplesmente ser transferidos de outros meios de comunicação. Não obstante, alguns programas britânicos, como *You and Me* (Você e Eu), realmente estimulam a aprendizagem efetiva, mesmo sem incentivar a atividade explícita por parte dos espectadores.(11)

UM PARADOXO

Há um parodoxo neste capítulo. Ao discutir o potencial da televisão no auxílio à aprendizagem, praticamente todos os exemplos positivos que mencionei são de filmes e programações experimentais, feitos para a televisão educativa. Certamente, uma das implicações é que os adultos precisam certificar-se de que as crianças assistam a estes tipos de programas. Contudo, também precisamos encarar o fato de que, em geral, a criança não passa muito tempo assistindo a filmes para adultos, comédias e aventuras.(12) O potencial de aprendizagem que discuti está realmente disponível a eles?

Uma série de características formais que discuti são intrínsecas a toda televisão, não só aos programas experimentais ou educativos. Isso vale tanto para o movimento quanto para o espaço. Minha hipótese é que as crianças aprendem a assimilar informações sobre a ação, processo e transformação física através da exposição a todos os tipos de programas de televisão e filmes. Da mesma forma, creio ser provável que as crianças recebam informações sobre a representação bidimensional de um espaço tridimensional, através de muitos tipos de programas. Estas são as mensagens do meio: efeitos no pensamento que são produzidos pela tecnologia e recursos próprios, mais do que por qualquer conteúdo específico.

Não creio que estes possíveis benefícios seriam uma racionalização para compensar as diversas horas passadas com programas que visam apenas ao entretenimento. Melhor seria receber as mensagens cognitivas da televisão através de uma programação que incluísse alguns programas que estimulassem o raciocínio, evitando, ao mesmo tempo, qualquer conteúdo prejudicial. Essas questões serão discutidas nos capítulos 4 e 9. Nem se deveria passar muitas horas assistindo à televisão em geral, não importa quão valioso seja o conteúdo. Como meio, a televisão tem seus pontos fortes, mas também seus pontos fracos. Estes últimos, como a passividade do espectador e a falta de oportunidade de usar a imaginação, também serão abordados nos próximos capítulos, onde mostrarei que os pontos fracos da televisão são os pontos fortes de outros meios. O desenvolvimento equilibrado de uma criança exige não somente as habilidades e qualidades desenvolvidas pela televisão, mas também as estimuladas por outros meios de comunicação.

4. TELEVISÃO E REALIDADE SOCIAL

Como mãe, temi tanto que meus filhos *não* estivessem aprendendo pela televisão, quanto que estivessem. Por um lado, é bastante natural querer que nossos filhos aprendam algo construtivo das longas horas passadas diante do aparelho de televisão. Por outro, tenho sérias dúvidas sobre o conteúdo de muitos programas e, conseqüentemente, espero que as crianças não o tenham absorvido. Muitos de meus temores estão centrados nas mensagens televisivas sobre a natureza do mundo social: como são os diferentes tipos de pessoas e como agem com relação umas às outras. Alguns pais podem estar mais de acordo com a realidade social projetada pela televisão do que eu. A televisão em certos países pode estar apresentando diferentes concepções do mundo social. Em muitos países, a questão pode ser a importação de uma realidade social alienígena, advinda da compra de programas norte-americanos ou britânicos. A fim de lidar com algumas destas situações, é importante saber como as crianças interpretam e usam as mensagens sociais exibidas pela televisão.

ESTEREÓTIPOS DOS PAPÉIS SEXUAIS

Os dados confirmam esmagadoramente que a televisão, de fato, influencia a concepção infantil da realidade social.(1) Um de seus possíveis efeitos é estimular opiniões estereotipadas sobre tópicos sociais, tais como os papéis sexuais. A análise do conteúdo da programação de TV nos Estados Unidos demonstrou que em geral a televisão apresenta opiniões altamente estereotipadas dos papéis masculinos e, em particular, dos femininos. Estudos indicam ainda que, logo a partir dos 3 anos de idade, as crianças que assistem a televisão em excesso, nos Estados Unidos, têm opiniões mais estereotipadas dos papéis sexuais do que os que não passam tanto tempo diante da TV.(2) As crianças simplesmente aprendem o que é mostrado pela televisão americana — estereótipos dos papéis sexuais. As conclusões de George Gerbner — pioneiro na análise de como o mundo social é retratado na televisão americana — foram resumidas dessa maneira: "O número de personagens principais do sexo masculino supera os femininos na proporção de 3 para 1 e, com raras exceções, as mulheres são retratadas como fracas e passivas, dependentes de homens ativos e poderosos. Os atores da televisão também representam uma ampla variedade de papéis, ao passo que as mulheres, geralmente, fazem papéis típicos, ora como namoradas, ora como mães. Menos de 20% das personagens femininas, casadas e com filhos, trabalham fora — comparadas com mais de 50% na vida real.(3) A análise da televisão britânica chegou às mesmas conclusões.(4)

Os estereótipos sexuais são reforçados basicamente pelos comerciais de TV. Em uma experiência, um grupo de colegiais do sexo feminino assistiu a quinze comerciais que ressaltavam a importância da beleza física, e outro grupo não. As garotas que assistiram aos comerciais ficaram mais propensas que as outras a concordar com afirmações do tipo "para mim a beleza é importante" e "para ser atraente aos homens, a beleza é fundamental".(5) Entretanto, é importante observar que a televisão, mesmo sem comerciais (por exemplo, na Grã Bretanha há 25 anos e na Suécia hoje), influencia a criança a dar mais valor à aparência em geral, principalmente ao vestuário.(6) Este parece ser o efeito da televisão como meio visual, mesmo sem qualquer esforço para vender beleza física.

Não são só os comerciais de beleza que usam estereótipos sexuais para vender produtos. Pesquisadores da Universidade de Kansas, nos Estados Unidos, estudaram os esquemas de montagem que os comerciais utilizam em propaganda de brinquedos para meninos e aqueles destinados a meninas. Os comerciais de brinquedos para meninas contêm mais fusões, encadeamentos e música de fundo; os brinquedos para meninos têm mais ação, muitos cortes, efeitos sonoros e música alta. Os pesquisadores criaram pseudocomerciais, consistindo mais de formas abstratas do que de brinquedos de verdade e contendo um ou outro deste conjunto de recursos de montagem. Mostraram-nos, então, a crianças de várias idades. Todas elas tenderam a identificar as características dos comerciais de brinquedos para meninas como femininas e as dos comerciais de brinquedos para meninos como masculinas. Esta identificação aumentou com a idade.(7) Este é um exemplo de como os esquemas repetitivos, que discuti no capítulo 2, estabelecem expectativas que afetam a reação infantil a novos materiais. Neste exemplo, o esquema foi usado para atrair as meninas para certos tipos de mercadoria e os meninos para outras, sem nunca levar a mensagem de estereótipos sexuais ao nível de consciência verbal explícita.

A televisão pode fazer mais do que reforçar estereótipos. É um meio tão poderoso que, com planejamento cuidadoso, pode também ser usado para destruir estereótipos. O melhor exemplo aqui é *Freestyle* (Estilo Livre), uma série produzida para a televisão estatal norte-americana com o propósito expresso de mudar as atitudes de crianças entre 9 e 12 anos, com relação aos papéis sociais. Em treze segmentos de meia hora, o programa apresenta vinhetas dramatizadas onde as meninas vêm a perceber que podem ser independentes e seguir uma carreira nos campos tradicionalmente masculinos, e onde os meninos aprendem a ser afetuosos e a expressar emoções. O objetivo era promover mais aceitação e interesse no trabalho não-tradicional por parte das meninas, tais como atividades científicas, mecânicas e atléticas, e maior aceitação de atividades domésticas por parte dos meninos.(8)

A série teve êxito em inúmeros aspectos. Primeiro, atraiu o público. De acordo com pesquisas do Instituto Nielsen,* foi assistida em 1.640.000 lares. Embora representem apenas 5,5% dos lares com crianças de 6 a 11 anos, os números absolutos indicam o poder da televisão para influenciar as pessoas.

Para avaliar os efeitos de *Freestyle*, os pesquisadores estudaram mais de sete.mil crianças, em sete cidades diferentes dos Estados Unidos. Algumas das crianças assistiram ao programa em casa; semanalmente, seus professores recomendavam para não deixarem de vê-lo. Outras viram o programa em sala de aula. Para outras, ainda, os professores apresentaram cada um dos episódios, complementando-os com discussões em classe e atividades extraídas de um guia do professor.

As crianças que assistiram ao programa em casa, viram-no com menos freqüência do que os outros grupos (embora com maior constância do que se não tivessem recebido recomendações de seus professores para assisti-lo). Como se esperava, os efeitos foram menores neste grupo. O programa teve maior efeito sobre o grupo que o assistiu na escola; por exemplo, um número maior de crianças passou a acreditar que os maridos são capazes de fazer serviços domésticos e que as profissões tradicionalmente femininas, como secretária, enfermeira, podem ser executadas tanto por mulheres quanto por homens. Embora *Freestyle* influenciasse consideravelmente aqueles que o assistiam, tais efeitos foram intensificados e atingiram um número maior de adolescentes quando o programa foi discutido em classe. Por exemplo, estudantes do sexo feminino convenceram-se de que é bom para os rapazes assumir papéis femininos, tais como fazer serviços domésticos e cuidar das crianças, ao

---

* Instituto de pesquisas dos EUA. (N. da T.)

assistirem ao programa. Porém, foi preciso discutir o assunto em sala de aula para convencer os estudantes do sexo masculino.

A experiência de *Freestyle* indica como a televisão pode auxiliar as crianças a ampliarem suas visões de diferentes grupos da sociedade, o que até agora foi feito de uma forma muito limitada nos Estados Unidos. Também enfatiza a possibilidade de se aumentar o impacto educativo de um programa de televisão com discussões em classe, demonstrando os benefícios de se utilizar a televisão em sala de aula. Os professores, em sua maioria esmagadora, ficaram entusiasmados com a utilização do programa em suas aulas. Esta reação indica que é realmente possível integrar a televisão ao currículo escolar.

É lamentável que *Freestyle*, um programa que provou seu valor através de pesquisas sistemáticas e atraiu o interesse do público, não tenha continuado a ser produzido e seja, hoje, transmitido apenas em uma única cidade norte-americana, Pittsburgh. Ao mesmo tempo, as crianças estão diariamente expostas a estereótipos sexuais na televisão comercial.

Nem todos os programas da televisão comercial retratam estereótipos dos papéis sexuais; programações adequadas podem combater tais estereótipos. Foi feito um estudo experimental sobre *Tudo em Família* (*All in the Family*), série cômica norte-americana para adultos que também atraía o público infantil.(9) O personagem central, Archie Bunker, é um operário reacionário, conservador e preconceituoso. O estudo usou um episódio sobre vizinhos dos Bunkers que representavam papéis sexuais não-tradicionais: Frank, o marido, cozinhava; Irene, a mulher, consertava os aparelhos domésticos. As crianças entre 5 e 11 anos de idade assistiram ao programa em pequenos grupos, sendo entrevistadas sobre os conceitos do papel sexual antes e depois do programa. As crianças acima dos 5 anos diminuíram seu nível de estereotipagem após terem assistido ao programa. Este efeito foi intensificado com comentários dos adultos sobre o programa, durante os intervalos, do tipo: "Olha só, a Irene consertou sozinha o liquidificador da Edith" ou, "Olha o Frank cozinhando. Parece que ele gosta mesmo disso."

Dois importantes fatores resultaram deste estudo. Primeiro, com o conteúdo correto, um programa adulto, bem-humorado e divertido pode efetivamente contrapor-se à concepção habitual do mundo social, tal como ela é retratada na televisão comercial norte-americana. Segundo, os comentários dos adultos sobre o programa podem aumentar o impacto deste sobre a criança. Estes são alguns dos pontos básicos revelados pelo estudo de *Freestyle*. Importante implicação da pesquisa sobre *Tudo em Família* é que a educação não se limita à programação educativa; a programação comum pode educar de forma importante.

Estudo similar foi realizado na Inglaterra com um programa infantil chamado *Rainbow* (Arco-íris).(10) Tal como o episódio de *Tudo em Família*, o programa inglês contava a história de uma família onde os papéis sexuais tradicionais estavam invertidos. Como no estudo norte-americano, o programa estimulou atitudes que revelam conceitos menos tradicionais do papel sexual, particularmente a aceitação crescente da participação masculina nos serviços domésticos.

Entretanto, como as atitudes se solidificam com a idade, tais mudanças tornam-se mais difíceis de serem conseguidas. Adultos preconceituosos identificam-se e encontram apoio para seus pontos de vista em Archie Bunker, o reacionário, ao passo que liberais vêem a série como uma comédia que ridiculariza preconceitos.(11) Para os adultos, *Tudo em Família* reafirma atitudes estereotipadas, não importam quais; o poder que o programa tem de influenciar seu público em uma nova direção parece perdido.

GRUPOS MINORITÁRIOS

Diversos estudos demonstram que a televisão pode ser usada para fortalecer a auto-estima de crianças pertencentes a grupos minoritários. Por exemplo, pesquisas sobre *Vila Sésamo*, que retratava, de forma positiva e não-estereotipada, personagens de vários grupos minoritários, demonstraram que os espectadores infantis de *Vila Sésamo*, pertencentes a grupos minoritários, fortaleceram seu orgulho cultural, autoconfiança e cooperação mútua.(12) A televisão também pode ter efeitos positivos sobre o modo como os membros de grupos menos favorecidos são vistos pelos membros da maioria privilegiada. Após assistirem a *Vila Sésamo* durante dois anos, as crianças brancas norte-americanas desenvolveram pontos de vista mais favoráveis em relação a crianças de outras raças; no Canadá, suplementos especiais sobre diversas raças foram acrescentados a *Vila Sésamo* e tiveram efeito semelhante.(13)

A televisão nos Estados Unidos geralmente retrata os membros das minorias raciais como menos poderosos e mais pobres do que a maioria.(14) Diariamente, já que tanto as crianças pertencentes à minoria quanto à maioria consomem os "enlatados" da televisão norte-americana, a imagem das minorias como relativamente fracas e pobres internaliza-se nas crianças de todos os grupos. De acordo com o princípio geral de que as crianças identificam-se mais com as figuras poderosas do que com as fracas, as crianças negras geralmente imitam os personagens brancos de um programa, em vez dos negros.(15) Este processo, que ocorre numa sociedade racista, pode causar um conflito de identidade: como ter o *status* de um branco sem deixar de se identificar psicologicamente com o próprio grupo? A televisão não criou este problema psicológico, que deriva da opressão a grupos minoritários. Mas ao retratar uma imagem dos diferentes grupos da sociedade refletindo o *status quo*, a televisão ajuda a perpetuar este problema de identidade nas crianças pertencentes às minorias.

As crianças inválidas formam outro tipo de grupo desfavorecido, cuja auto-imagem é afetada pela televisão. Na Suécia, foi produzida uma série de programas infantis para e sobre as crianças surdas ou com deficiências auditivas. Após assistirem a estes programas, "as crianças com audição normal adquiriram grande interesse pelas crianças surdas ou com deficiências auditivas, e uma maior compreensão destas, achando emocionante expressarem-se na linguagem secreta de sinais. A auto-estima das crianças surdas ou com deficiência auditiva cresceu visivelmente, pois passaram a receber atenção de outras crianças, encontraram outras na mesma situação que elas e de repente puderam entender melhor os programas". Nos Estados Unidos, *Vila Sésamo* também provocou benefícios ao apresentar crianças inválidas sob um prisma realista e positivo.(16)

A televisão pode ser um instrumento poderoso para melhorar a imagem que as crianças fazem dos diversos grupos de uma sociedade pluralista. Podemos escolher entre usar o meio dessa forma, ou usá-lo para reforçar estereótipos negativos, como é geralmente o caso da atual programação de TV dos Estados Unidos.

IMAGENS DE OUTROS PAÍSES

É possível usar também o poder da televisão para dar às crianças uma imagem positiva da vida em outras partes do mundo. Nos Estados Unidos, a ITT produziu uma série chamada *The Big Blue Marble* (O Grande Mármore Azul), destinada a crianças de 8 a 14 anos e visando a mostrar atributos positivos das crianças do mundo inteiro. Em uma pesquisa sobre os efeitos do programa, testaram-se crianças antes e depois de terem assistido a quatro capítulos. Após assistirem ao seriado, as crianças passaram a considerar as crianças de outros países como mais felizes e deixaram de considerar as crianças de seu próprio país mais divertidas, mais interessantes, mais inteligentes e assim por diante. Viram, também, maior semelhança entre as pessoas de todo o mundo. *The Big Blue Marble* também foi o programa que conseguiu mais correspondências, um testemunho real dos efeitos da série.(17)

Na Inglaterra, há 25 anos, as atitudes etnocêntricas diminuíram quando a BBC produziu programas como o *Children's International*

Newsreel (Jornal Internacional da Criança), destinado a informar as crianças sobre outros países.(18) A redução do etnocentrismo é de grande importância, pois o destino de um país torna-se cada vez mais interligado ao de outros. A revolução da comunicação foi um dos fatores responsáveis por transformar nosso planeta no que McLuhan denominou de "aldeia global". Podemos aumentar as chances de sobrevivência desta aldeia, usando os meios de comunicação, como a televisão, para ampliar nossas informações sobre outros países, amenizando, assim, estereótipos perigosos e a paranóia internacional. Por onde seria melhor começar, senão pelas crianças como *The Big Blue Marble*? Devido ao apoio duradouro da ITT, *The Big Blue Marble* é hoje um dos programas mais vendidos, visto em 63 países.

O IMPACTO DE UM ÚNICO FILME

O cinema assemelha-se à televisão ao possuir um efeito poderoso sobre a concepção infantil do mundo social. Há 50 anos, bem antes do advento da televisão, um programa de pesquisas, conhecido como *Payne Fund Studies*, estudou os efeitos do cinema sobre estudantes pré-adolescentes e adolescentes. R. C. Peterson e L. L. Thurnstone, autores de um dos volumes do *Payne Fund*, selecionaram treze longas-metragens que, na opinião deles, influenciariam atitudes sociais: por exemplo, *O Nascimento de Uma Nação* * influenciaria atitudes raciais; *Tudo Tranqüilo na Fronteira Ocidental*,** atitudes em relação à guerra. Os pesquisadores examinaram as atitudes antes e depois de cada filme (as crianças eram estudantes brancas de pequenas cidades do Centro-Oeste norte-americano).

Cerca da metade dos filmes produziu mudanças de atitudes após serem vistos uma só vez e, em alguns casos, as mudanças foram bastante grandes. Por exemplo, antes de assistirem a *O Nascimento de Uma Nação*, cerca de 80% dos estudantes obteve 8 pontos ou mais em uma escala que indicava atitudes de preconceito racial (onde 11 representava o número máximo de pontos da escala). Após verem o filme, somente 45% obteve pontos nesta faixa. Cinco meses mais tarde, os estudantes ainda demonstraram menos atitudes racistas do que apresentavam antes de verem o filme, embora o seu efeito tenha diminuído com o tempo. Em geral, observou-se que os estudantes mantiveram um meio-termo entre as atitudes que apresentavam antes e logo depois do filme. Os efeitos duraram cerca de

---

* Clássico de W. R. Griffith, produzido em 1915, sobre a Guerra Civil Americana.

** Produção americana de 1930 sobre a I Guerra Mundial. (N. da T.)

dezenove meses, o maior intervalo testado. Outra importante descoberta foi que estes efeitos eram cumulativos; assistir a dois ou três filmes que reforçavam as mesmas opiniões sobre um certo tópico causava mais mudanças nas atitudes do que assistir a um único filme.

Este estudo indica que uma única exposição a um filme persuasivo pode ter um impacto definitivo sobre a visão de mundo de um jovem. O cinema teve forte influência sobre a cultura norte-americana; particularmente antes do advento da televisão, todas as pessoas do país viam os mesmos filmes. Mesmo nos dias de hoje, muito mais crianças assistem a um filme popular do que qualquer programa de televisão. Assim, qualquer efeito de um filme popular é um efeito de massa.

Uma pergunta interessante é: por que somente metade dos filmes ocasionou mudanças nas atitudes? Considerando que o renomado *O Nascimento de Uma Nação* produziu o maior efeito e o fato de os filmes que não despertaram mudanças de atitudes serem desconhecidos hoje, eu diria que o poder de influenciar atitudes sociais depende da qualidade artística e dramática do filme. Esta é uma questão que pede maior investigação.

Se os efeitos dos filmes sobre as atitudes sociais são cumulativos, também a televisão pode se valer deles, com resultados surpreendentes. Os jovens, neste estudo, viram, no máximo, alguns filmes correspondentes a determinadas atitudes. Embora as crianças prestem menos atenção à televisão do que a um filme, imagine quantos programas exibindo uma única concepção consistente da realidade social são vistos por um espectador comum que assiste às séries de TV. E imagine só quantas séries diferentes podem exibir basicamente atitudes sociais semelhantes. Desse modo, é provável que os efeitos cumulativos da televisão sejam maiores do que os do cinema.

Pesquisas na Suécia confirmam esta idéia: "A televisão, a longo prazo, despertou, praticamente em todos os escolares, impulsos no sentido de desejarem um estilo de vida mais ativo, dinâmico e urbano. Há, entre outras coisas, um desejo maior de mudar, especialmente para as cidades grandes. As pessoas começaram a desejar seguir outras carreiras, além de mostrarem expectativas cada vez maiores no campo profissional. As crianças sonham, por exemplo, mais freqüentemente, com ocupações de destaque, tais como tornarem-se jogadores de futebol, pilotos, cantores de *rock* e astros do cinema, em detrimento de ocupações como as de professor, artesão ou vendedor de loja".(20) Um fenômeno paralelo ocorreu na Inglaterra, quando a televisão encontrava-se em estágio inicial de desenvolvimento.(21)

RECONHECIMENTO DO PERSONAGEM E IDENTIFICAÇÃO

Grant Noble, em seu *Children in Front of the Small Screen* (Crianças Diante da Pequena Tela), sugere que durante um filme, se as crianças perceberem semelhança entre os personagens da televisão e pessoas que conhecem, terão mais facilidade para imaginar como terminará a história e serão capazes de prever o que irá acontecer. Noble traça um contraste entre o reconhecimento do personagem e a identificação com ele, na qual as crianças, perdendo-se na tela, *tornam-se* o personagem. A identificação não conduz à predição do que acontecerá no final porque, nas palavras de Noble, "as crianças que se identificam com um herói, que partilham o aqui e agora de suas experiências durante o filme, não precisam antecipar-se à história".(22) Embora os dois processos ocorram em ambos os meios, Noble apresenta evidências de que, enquanto os filmes estimulam a identificação, a televisão tende a estimular mais o reconhecimento, permitindo à criança interagir com um mundo social.

James Hosney sugeriu que talvez, no caso da televisão, a identificação das crianças com personagens não seja tão freqüente porque os limites do visor estão sempre no centro de seu campo visual. No cinema, como a tela é grande, os limites de sua área situam-se além do campo de visão, e a falta de controle destes limites facilita ao espectador tornar-se parte da cena, favorecendo assim a identificação com os personagens.

As pesquisas de Noble confirmam haver correlação entre o reconhecimento dos personagens e a previsão das crianças sobre o que irá acontecer no filme. Quando se parou o filme na metade, as crianças que reconheceram em qualquer personagem do filme algum conhecido, tiveram maior probabilidade em predizer corretamente o que o herói ou vilão faria a seguir. A identificação com o personagem não ajudou, nem prejudicou a capacidade de predição.

Dessa forma, a começar pelo reconhecimento do personagem, as crianças adquiriram o conhecimento de padrões de comportamento predizíveis dentro do mundo da tela. O conhecimento de tais padrões pode, então, ser aplicado tanto fora quanto dentro da tela: as crianças podem usar as semelhanças entre os personagens da tela e as pessoas reais para proceder a uma generalização sobre as regras e regularidades do comportamento humano.

CONHECIMENTO, SENTIMENTO E COMPORTAMENTO

O poder que a televisão possui de mudar as atitudes sociais das crianças e suas crenças sobre os modos como se comportam as pessoas no mundo real, levanta a questão de como estas mudanças de atitudes afetam o comportamento real da criança. Um tipo de efeito é fácil de detectar: as crianças freqüentemente tomam famosos personagens de televisão como exemplos a serem imitados. No dia seguinte ao que o personagem Fonzie, da série norte-americana *Happy Days* (*Dias Felizes*), tirou seu cartão de biblioteca, aumentou em 5 vezes o número de crianças que solicitaram seus cartões nos Estados Unidos. Detalhes como estes, inseridos na programação comum, poderiam ter um resultado muito positivo no comportamento infantil, sem haver necessidade de qualquer mudança básica na natureza dos programas de TV.(23)

O elo entre televisão e comportamento é complexo, influenciado por muitos fatores além do conhecimento e atitudes adquiridos pela televisão. Entretanto, muitas pesquisas detectaram ligações entre o fato de a criança assistir a um comportamento anti-social (por exemplo, violento) pela televisão e o seu comportamento posterior; outro conjunto de evidências indica que assistir a um comportamento social positivo, como a ajuda e a cooperação, pode influenciar as crianças de modo a agirem de forma mais colaboradora. Tal como acontece com o *conhecimento* social, a televisão como modelo de *comportamento* pode agir em direções opostas, dependendo do conteúdo do programa.(24)

Os efeitos da televisão a longo prazo sobre o comportamento são mais difíceis de se determinar do que seus efeitos a longo prazo sobre o conhecimento e as atitudes. Contudo, estes últimos geralmente influenciam a ação. Por exemplo, a atitude de uma criança em relação a um grupo minoritário e seu conhecimento sobre este, obviamente afetará o modo como a criança agirá ao encontrar um membro deste mesmo grupo.

Algumas vezes, os sentimentos são o elo de ligação entre televisão, conhecimento e comportamento. Exemplo disso é o uso da televisão para reduzir o medo que as crianças têm de sofrer uma cirurgia. Mostrou-se a crianças entre 4 e 12 anos, prestes a fazerem diversos tipos de intervenções cirúrgicas, um vídeo sobre uma criança sendo hospitalizada e sofrendo uma cirurgia. Comparadas a um grupo semelhante que assistiu a um filme sem relação com isso, estas crianças mostraram-se menos temerosas, tanto antes quanto após as operações, apresentando, inclusive, menos problemas pós-operatórios.(25)

A utilização da televisão nos hospitais apresenta um ponto importante: ao refletir sobre o relacionamento entre criança e televisão, não deveríamos nos limitar à teledifusão. Avanços na tecnologia de gravação de fitas de vídeo criaram imensas possibilidades no que se refere a filmes para fins especiais, destinados a públicos específicos. Já existe literatura científica sobre o uso terapêutico do cinema para diminuir a ansiedade.

A televisão (ou o cinema) adapta-se melhor a este tipo de preparo emocional do que a palavra escrita.(26) Por exemplo, um folheto explicativo poderia ser usado para preparar as crianças para a cirurgia, mas por mais brilhante que fosse sua apresentação, tal recurso estaria em desvantagem com a televisão. A palavra escrita é linear e seqüencial; pode descrever uma só coisa de cada vez. Mas as reações emocionais em geral ocorrem simultaneamente a outros eventos. Pelo fato de a linguagem ser seqüencial e porque cada palavra comunica somente parte de um pensamento completo, é necessário um grande esforço para transmitir uma informação por meio da palavra. É por esta razão que "uma imagem vale por mil palavras". (Enquanto a televisão sai-se melhor ao descrever os sentimentos de um personagem, a palavra é mais eficiente para comunicar pensamentos; este ponto será discutido no capítulo 6.)

Para que o filme preparatório para a cirurgia fosse eficaz teria que mostrar os sentimentos do paciente em relação ao que estava acontecendo, e não somente dar informações sobre os acontecimentos. O poder que a televisão tem para estimular emoções memoráveis é demonstrado por um estudo em que as emoções transmitidas por personagens em um programa de TV provocaram em adolescentes suíços reações que persistiram por três semanas, ao passo que os efeitos estritamente cognitivos do programa diminuíram neste mesmo período de tempo.(27)

A palavra escrita também não pode descrever os eventos relacionados à cirurgia tão realisticamente como a televisão ou o cinema. O realismo do cinema facilita ao espectador (neste caso, paciente) reconhecer as semelhanças entre o que acontece com ele ou ela e o que é descrito no filme e, portanto, torna mais fácil aplicar o que aprendeu à sua situação real.

O poder que a televisão e o cinema têm de comunicar sentimentos pode ser um perigo e um benefício ao mesmo tempo. O estímulo da emoção em uma situação imaginária, transmitida pela televisão, onde não existem conseqüências no mundo real, pode resultar em uma dessensibilização do espectador. Por exemplo, os pesquisadores verificaram que a violência televisada torna as crianças mais tolerantes para com a agressão observada em outras crianças, além de apresentarem menos reações emocionais à violência. Nas palavras de um menino de onze anos, entrevistado pela *Newsweek*: "A gente vê tanta violência que esta perde todo o seu impacto. Se, de fato, eu visse uma pessoa morrendo de verdade, não seria grande coisa. Acho que estou virando uma pedra." (28)

As emoções que a televisão desperta na criança, ao assistir a situações adultas às quais em geral a criança não seria exposta, podem também ter outros efeitos. Na Inglaterra, no fim dos anos 50, os adolescentes que tinham televisão preocupavam-se mais em se tornar adultos do que outros adolescentes que não tinham aparelhos de televisão.(29) É como se a exposição diária ao mundo adulto, conforme ele é retratado na televisão, tornasse os jovens mais temerosos de criar seu próprio mundo adulto.

APRENDENDO A SER CONSUMIDOR

Uma parte importante da realidade social da criança é seu papel como consumidor. A televisão tem um impacto óbvio nas crianças, enquanto consumidoras, em países como os Estados Unidos, onde ela é uma empresa quase puramente comercial, e a propaganda pela TV, uma das grandes responsáveis pela exposição das crianças à mídia. Entretanto, a televisão também afeta a criança como consumidora, mesmo quando não há nenhuma propaganda. Nos anos 50, comprovou-se que as crianças britânicas que tinham acesso apenas à BBC, que não veicula propaganda, tinham mais ambições materiais do que as que não possuíam aparelho de televisão. Os adolescentes do sexo masculino que viam televisão, por exemplo, preocupavam-se mais com o que *teriam* no futuro; os adolescentes sem televisão preocupavam-se mais com o que estavam *fazendo*. Quanto mais a criança assistia à televisão, mais esta perspectiva materialista aumentava.(30) Aparentemente, as imagens transmitidas pela televisão para descrever a identidade de uma pessoa e seu estilo de vida, destacam bens materiais relacionados ao consumo.

As técnicas da televisão influenciam igualmente o desenvolvimento da criança como consumidora. Os comerciais nos Estados Unidos são fundamentalmente visuais, com muita ação, ritmo rápido, repetitivos e usam a música atraente dos *jingles*. Todas estas características que despertam a atenção, promovem a aprendizagem, mesmo das crianças bem pequenas, como mostraram as pesquisas sobre *Vila Sésamo*. (De fato, os criadores de *Vila Sésamo* tiraram algumas de suas idéias do estudo das técnicas usadas em comerciais.)

Os pais norte-americanos tendem a temer o potencial de ensino dos comerciais. Este medo é justificado, na medida em que os anunciantes têm aperfeiçoado suas técnicas para incentivar o consumo. As crianças realmente prestam atenção nos comerciais e aprendem com eles. Lembram-se de *slogans*, *jingles* e marcas. Freqüentemente, tentam influenciar os pais na compra dos produtos anunciados. As crianças abaixo dos sete anos são particularmente vulneráveis a tais efeitos, provavelmente porque não fazem discriminação entre o programa e o comercial, e não percebem que o objetivo dos comerciais é vender produtos; (31) simplesmente recebem a mensagem dos comerciais como qualquer outro tipo de programa de TV.

O que se pode fazer? Verificou-se que o impacto dos comerciais pode ser bastante afetado pela discussão e instrução. Por exemplo, os pesquisadores da UCLA (Universidade da Califórnia em Los Angeles) elaboraram currículos que ajudassem as crianças de segunda e quarta séries a entender o objetivo e a natureza dos comerciais, de tal forma que elas pensassem criticamente sobre o que consumir. O currículo que melhor funcionou explicava como os comerciais criavam necessidades de desejos na criança. Também enfatizava a importância de se prestar atenção à informação contida no comercial, e estimulava as crianças a refletirem mais e a questionarem criticamente os comerciais. Uma semana após as três aulas de meia hora, as crianças de ambas as séries acharam os produtos anunciados menos desejáveis, entenderam melhor os comerciais e acharam-nos menos confiáveis.(32)

O sucesso deste breve programa educacional mostra que não é muito difícil neutralizar o poder de ensino da televisão quando este não visa a atender aos interesses da criança. Esse currículo foi desenvolvido para uso escolar, mas os pais podem utilizar as mesmas técnicas em casa: esclarecer que os comerciais destinam-se a criar necessidades para estimular as vendas; questionar os métodos usados (tais como o exagero); e transformar os comerciais em assunto para discussão, análise e questionamento.

TELEVISÃO ENQUANTO REALIDADE

Uma das razões pelas quais as crianças são tão vulneráveis às mensagens veiculadas pela televisão é que elas acreditam que o que assistem nela é real. Crianças muito pequenas confundem tudo o que vêem na televisão, com a realidade, exceto os desenhos animados. Aimée Dorr conta uma história sobre seu filho de três anos que a viu sendo entrevistada pela televisão: "O pai dele contou que ele me chamou, fez-me perguntas, e tentou me mostrar coisas. Ficou muito bravo ao fracassar em suas tentativas para conseguir minha atenção e finalmente deixou a sala zangado."(33) Muitas pesquisas mostram que esta confusão da televisão com a realidade diminui sensivelmente com a idade.

À medida que crescem, as crianças adotam novas definições para a realidade televisiva: primeiro acreditam que qualquer coisa na televisão, que *poderia* acontecer no mundo real, é real; mais tarde acreditam que o que vêem na televisão representa algo que, *prova-*

velmente, aconteceria no mundo real. Mas apesar destas mudanças, a crença de que a programação de TV representa a realidade social não parece mudar muito com uma maior experiência de vida ou exposição à televisão. O estilo realista de boa parte da programação parece contribuir para este resultado.(34)

Ademais, se as crianças reconhecem nos personagens da televisão alguém conhecido ou se identificam com eles, esse envolvimento pessoal maior leva-as a considerar o programa mais real. Já que as crianças tendem a se identificar com os personagens fantásticos da televisão (como o Super-Homem) e a reconhecer os realistas, fatores poderosos entram em ação para fazer com que a criança trate o mundo televisado como real.(35) Esta crença na realidade do mundo televisado torna as crianças de todas as faixas etárias vulneráveis às mensagens sociais da televisão.

As crianças têm mais facilidade em reconhecer os livros como ficção do que a televisão.(36) Aparentemente, o fato de a palavra escrita não se assemelhar fisicamente às coisas e eventos que simboliza, torna mais fácil separar seu conteúdo do mundo real. Assim, como muitos temiam, a televisão, com sua apresentação da ação ao vivo, é um meio mais sedutor na transformação da fantasia em realidade. Mas o que é um efeito negativo na apresentação da ficção, pode ser positivo na apresentação do fato. A televisão pode ser um meio extremamente coercitivo para ensinar às crianças o mundo real. Na Escandinávia, descobriu-se que se as crianças de onze anos ouvissem as mesmas notícias pela televisão, pelos pais, professores e pelo jornal, a maioria confiaria principalmente na televisão. Elas consideram a televisão como o veículo mais bem informado e dizem que na televisão "você pode ver por si mesmo o que está acontecendo".(37)

As crianças pertencentes às minorias ou de nível sócio-econômico mais baixo são, geralmente, as mais suscetíveis de terem seus conceitos sobre a realidade social moldados pela televisão, pois, nos Estados Unidos, estão mais propensas do que as crianças brancas e de classe média a acreditar no realismo do mundo apresentado na tela.(38) Esse pode ser, simplesmente, um exemplo do princípio de que quanto menos soubermos sobre uma área, mais poder terá a televisão de nos definir aquela área. O mundo da televisão norte-americana é predominantemente branco e de classe média e é, habitualmente, mais familiar a crianças brancas e de classe média do que a grupos minoritários ou de nível sócio-econômico mais baixo. De acordo com este princípio, uma criança da minoria ou da classe operária com larga experiência pessoal no mundo branco de classe média seria, como as crianças brancas da classe média, menos vulnerável à concepção televisiva deste mundo.

Embora a televisão tenha mais poder para definir o desconhecido, este também é mais propenso a ser mal interpretado. Por exemplo, um programa sobre uma família de classe média é entendido melhor por crianças pequenas da classe média do que por crianças da classe operária; e um programa sobre uma família da classe operária é melhor compreendido por crianças pequenas da classe operária.(39) Desse modo, se um meio social, ao qual a criança não pertence, for retratado na TV, ela terá mais dificuldade de entendê-lo, apesar do poder da televisão para moldar sua concepção sobre aquele meio social.

As atitudes e crenças infantis podem funcionar como defesa contra as mensagens da televisão que as contradigam. Crianças com concepções estereotipadas dos papéis sexuais distorcem o material na memória, de modo a concordar com seus pontos de vista; crianças com opiniões não-tradicionais dos papéis sexuais tendem a distorcer o material na direção oposta.(40) Algumas vezes, essas percepções distorcidas ou seletivas podem levar a efeitos contrários sobre as atitudes. Em uma experiência, nos Estados Unidos, um grupo de crianças de 8, 10 e 13 anos assistiu a comerciais que apresentavam papéis não-tradicionais para as mulheres. Após verem os comerciais, tanto os meninos como as meninas de 8 e 10 anos aprovaram papéis menos tradicionais para as mulheres. Mas, houve um efeito contrário entre os meninos de 13 anos, que passaram a advogar mais enfaticamente os papéis tradicionais para as mulheres. Acabando de entrar num período de desenvolvimento de sua masculinidade, estes meninos acharam ameaçadora a mensagem contida nos comerciais. (As diferenças de idade também refletem a descoberta geral de que os jovens espectadores estão mais abertos às mensagens da mídia do que os mais velhos.) Semelhante efeito ocorreu com adolescentes ingleses que assistiram a um programa que retratava homens e mulheres em ocupação não-tradicionais. Tais reações contra as mensagens da televisão ocorrem quando essas se chocam com as atitudes já existentes na criança. Demonstram que os efeitos da televisão dependem do que a criança leva ao meio, e não só do que o meio leva à criança.(41)

O QUE OS PAIS PODEM FAZER

Quase não há pesquisas sobre o que os pais, provavelmente, mais gostariam de saber: como neutralizar a influência da informação social que seus filhos recebem da televisão? Já sabemos que com a discussão dos programas com as crianças, os pais ou outros adultos podem aumentar os benefícios e reduzir os efeitos negativos dos programas da televisão comercial.(42) Por exemplo, a interpretação que os adultos podem fazer sobre o *Batman* tornou as crianças mais críticas com relação à violência contida no programa e, como mencionamos anteriormente, a interpretação dos adultos sobre um episódio de *Tudo em Família* levou as crianças a uma aceitação maior dos papéis sexuais não-tradicionais.

Para ser mais específica, os pais podem influenciar o que seus filhos assimilam de um programa ao destacarem informações importantes e discutirem o que acontece no programa. Em um estudo sobre este tipo de situação, pediu-se a um grupo de crianças de 4 e 5 anos que assiste a um episódio da série americana *Adam-12*. O episódio contava a história de alunos que cabulavam as aulas e metiam-se em encrencas. Um grupo de alunos assistiu ao programa com um professor que fazia comentários do tipo "Vamos sentar aqui e assistir a um programa de TV". Um segundo grupo assistiu com o mesmo professor, mas este fazia comentários explicativos do tipo "Chi! Aquele menino está numa enrascada. Cabulou à aula quando deveria ter ido à escola. Isso é mau". As crianças do segundo grupo apreenderam detalhes mais específicos sobre o programa, aumentaram seus conhecimentos sobre comportamentos inadequados e foram mais receptivos aos comentários do professor. As diferenças entre os dois grupos ainda eram evidentes uma semana depois, indicando que a discussão promoveu a retenção, além da aprendizagem imediata.(43)

Esse procedimento simples pode ser seguido em casa, pelos pais, se estiverem dispostos a assistir à televisão com seus filhos. A observação do que realmente acontece nos lares indica que pais e filhos geralmente assistem juntos à televisão, mas os primeiros raramente emitem este tipo de comentário.(44)

Embora a televisão, nos Estados Unidos, possa algumas vezes parecer veicular uma mensagem uniforme sobre a natureza do mundo social, vimos que existem, na verdade, mensagens distintas e que a televisão pode ter influências bastante opostas sobre as atitudes sociais, dependendo do conteúdo do programa. Estes fatos têm uma implicação óbvia mas importante para os pais: selecionem os programas para seus filhos e ajudem-nos a se tornarem críticos para fazerem sua própria seleção. Embora nem todos os pais concordem sobre os valores sociais que querem ensinar aos filhos, todos eles realmente socializam os filhos de acordo com um outro conjunto de valores. A escolha e também a discussão devem ser encaradas não como uma forma de censura, mas como uma extensão do processo normal e universal de socialização.

É útil lembrar que a televisão parece influenciar principalmente a formação de atitudes e o conhecimento sobre assuntos com os quais a criança não tem experiência. As crianças que possuem conhecimentos sobre um assunto fazem uma distinção mais clara entre o mundo real e o da televisão.(45) Desse modo, os pais podem neutralizar os efeitos da TV, propiciando a seus filhos experiências diretas em áreas que considerem importantes. Por exemplo, um modo de neutralizar os estereótipos étnicos da televisão é favorecer o contato de seu filho com pessoas de diferentes grupos étnicos.

O QUE AS ESCOLAS PODEM FAZER

Aimée Dorr e seus colegas elaboraram dois cursos para desenvolver habilidades críticas à televisão, visando estimular crianças pequenas a questionarem a realidade do que assistem pela televisão. Cada currículo combina segmentos de programas gravados, discussões em grupo, dramatizações, jogos e comentários do professor. O "currículo industrial" enfatiza a falta de realismo na programação e o sistema econômico-industrial, por exemplo, o fato de os programas serem veiculados para gerar dinheiro. O "currículo processual" destina-se a ensinar processos e referências para que as crianças julguem o realismo televisivo; enfatiza que os programas variam em realismo.

Num desses cursos, o currículo industrial gerou um maior ceticismo sobre a realidade de um programa de televisão. (O programa era *The Jeffersons*, comédia que mostra uma visão estereotipada de uma família negra.) O "currículo processual" levou a julgamentos mais equilibrados, nos quais a criança concluía se o programa transmitia fatos reais ou imaginários. Talvez o mais importante é que estes dois currículos desenvolveram nas crianças atitudes críticas com relação à realidade social retratada pela televisão.(46)

Este trabalho mostra que as crianças, a partir dos 5 anos de idade, podem ser ensinadas, em tempo relativamente curto, a fazer julgamentos críticos sobre a realidade do que vêem pela televisão. Estes programas escolares podem ajudar a transformar o espectador infantil de consumidor passivo a crítico ativo do mundo social retratado pela televisão.

5. USANDO A TELEVISÃO PARA SUPERAR DIFICULDADES EDUCACIONAIS

A televisão é, sob certos aspectos, um veículo intrinsecamente democrático. Nos Estados Unidos e em outros países desenvolvidos, ela é democrática no sentido de se reduzir as vantagens que a classe média possui no mundo das escolas e livros. A nível mundial, ela é democrática, pois pode ajudar a minorar os problemas de desenvolvimento educacional do Terceiro Mundo. Se conhecimento é poder, a televisão, em virtude de sua acessibilidade psicológica e material, tem potencial para auxiliar a redistribuir esse poder de modo mais eqüitativo numa sociedade e entre sociedades, particularmente por sua utilização no sistema educacional. (Este potencial independe do fato de que, em outros aspectos, notadamente o controle do meio, a televisão é mais elitista que democrática.) (1) Esse potencial de difundir educação origina-se no modo pelo qual a TV pode, desde que usada corretamente, dar um tratamento adequado a cada conteúdo que transmite, levando em conta o tipo de público que assistirá a cada programa.

Juntamente com Jessica Beagles-Roos, fiz algumas pesquisas com crianças de seis a dez anos, de quatro grupos diferentes: brancas de classe média, negras de classe média, brancas de classe operária e negras de classe operária. Cada criança assistiu a uma história animada, narrada pelo monitor da TV; em outra ocasião, as crianças ouviram outra história pelo gravador/rádio. Avaliou-se, então, a compreensão e memória das crianças logo após verem ou ouvirem cada história.

Os resultados podem trazer alguns esclarecimentos sobre o papel da televisão na educação, já que a apresentação pelo rádio assemelha-se ao que acontece na sala de aula, onde a criança segue aulas expositivas do professor ou troca idéias com outras crianças. Exatamente como numa apresentação pelo rádio, o estímulo da sala de aula é basicamente verbal. A apresentação pela televisão acrescenta ilustrações visuais dinâmicas.

A televisão propiciou uma aprendizagem mais global das histórias do que o rádio, quer a aprendizagem seja medida pelo conhecimento verbal ou visual. Algumas de nossas medidas de aprendizagem não mostraram nenhuma diferença de classe ou etnia; algumas sim, com diferenças favoráveis aos grupos que geralmente vão melhor em tarefas escolares de todos os tipos. Ou seja, as crianças de classe média de ambos os grupos étnicos aprenderam mais pela televisão do que as da classe operária; as crianças brancas de ambas as classes aprenderam mais pelo rádio do que as negras. Mas as diferenças de classe e raça foram bem menores do que as diferenças entre os dois meios. Em média, as crianças da classe operária aprenderam muito mais pela televisão do que as crianças da classe média pelo rádio, e as crianças negras aprenderam mais pela televisão do que as crianças brancas pelo rádio.

O veículo televisivo não elimina diferenças de classe ou etnias. Mas, na medida em que, em educação, estamos mais interessados em níveis de habilidade do que em comparações entre grupos (e acredito firmemente que o que conta é o nível de habilidade), estes resultados têm importantes implicações. Sugerem que a televisão pode elevar o nível de aprendizagem em todos os grupos, em comparação aos resultados que tais grupos obteriam sem o uso da TV.

VILA SÉSAMO E OS NÃO-PRIVILEGIADOS

Debateu-se, durante anos, se *Vila Sésamo* eliminou a defasagem entre os pré-escolares da classe não-privilegiada e os da classe privilegiada. Concluiu-se que o programa não conseguiu fazer isso, tanto nos Estados Unidos quanto em Israel. É compreensível: não se pode esperar que um programa de televisão elimine falhas no conhecimento criadas pela própria sociedade. Todavia, o importante sobre *Vila Sésamo*, nos Estados Unidos (e, também, na Austrália e em Israel), é que os grupos não-privilegiados realmente aprendem o que é ensinado pelo programa, e quanto mais assistem, mais aprendem. Igualmente, aprendem melhor as habilidades às quais o programa dedica mais tempo e atenção. Em outras palavras, a aprendizagem é proporcional à exposição à *Vila Sésamo*.(2)

Há mais semelhança entre as reações a *Vila Sésamo*, que as crianças de diferentes grupos étnicos e sócio-econômicos expressam, do que em suas reações à escola. Nos Estados Unidos, em 1973, mais de 90% dos pré-escolares de cidades assistiam a *Vila Sésamo* nos locais onde este era transmitido pela televisão comercial.(3) Dessa forma, o programa era igualmente visto por crianças da classe média e por crianças pobres, de áreas urbanas. Os grupos não-privilegiados têm, em contrapartida, altas taxas de evasão escolar e não comparecimento às aulas. Como diz um grupo de estudiosos de *Vila Sésamo*, "Enquanto a sala de aula é um lugar desagradável para muitas crianças, particularmente as que não vêm de lares da classe média, a televisão faz parte do próprio mundo da criança".(4)

A questão aqui não é, obviamente, que as crianças dos grupos não-privilegiados de uma sociedade têm menos capacidade de aprender por meio da palavra escrita ou de outros meios na escola. Ocorre que elas têm muito menos oportunidades e preparo para vivenciar livros e situações escolares e, desse modo, encontram-se em desvantagem nas escolas que dão maior ênfase à leitura e a aulas expositivas. Em contrapartida, seus costumes, pelo menos em países industrializados, como os Estados Unidos e a Grã-Bretanha, podem favorecer a aprendizagem pela televisão, pois assistem mais à TV e há grande aceitação por parte das famílias para com o uso deste veículo.

THE ELECTRIC COMPANY: O ENSINO DA LEITURA

The Electric Company é um exemplo de como a televisão pode chegar às crianças que não são bem-sucedidas na escola. Ela atinge este objetivo ao usar sistematicamente técnicas peculiares à televisão. O programa foi criado em 1971 pelo *Children's TV Workshop* (Oficina da Televisão Infantil) como experiência no uso da televisão para ensinar leitura a crianças da segunda, terceira e quarta séries que estivessem tendo dificuldade em aprender a ler na escola. Como *Vila Sésamo*, o programa atraiu grande audiência: estimou-se que a audiência atingiu cerca de onze milhões, sendo o programa usado em 35% de todas as escolas primárias nos Estados Unidos. Assistir a *The Electric Company* aperfeiçoou uma ampla variedade de habilidades de leitura. Foi especialmente eficiente com principiantes (alunos do primeiro grau) e com alunos do segundo grau que estavam abaixo da média nos testes padronizados de leitura. Todos os grupos, negros e brancos, de fala espanhola ou inglesa, foram beneficiados com o programa. Dessa forma, *The Eletric Company* demonstra a natureza democrática da televisão e sua capacidade de prover auxílio educacional, principalmente aos que mais a necessitam.(5)

Muitas características, indubitavelmente, contribuíram para o sucesso de *The Electric Company*: o veículo televisivo é familiar a seu público; o programa apresenta crianças de vários meios culturais; é ambientado em um cenário de rua, familiar a muitas crianças não-privilegiadas; usa música de *rock*; tem humor. Além disso, o programa usa recursos peculiares à televisão (ou cinema) para introduzir concreta e diretamente conceitos difíceis de leitura que um professor, por meio da palavra, só consegue apresentar abstrata e indiretamente.

Uma das tarefas mais difíceis para se começar a ler é combinar os sons de cada sílaba em unidades maiores, formando as palavras. *The Electric Company* ensinou com êxito esta habilidade.(6) Através do uso do movimento visual e voz sincronizada, o programa representava graficamente este processo de combinação. Em um destes segmentos, dois perfis estão de frente um para o outro e bem próximos (usam-se perfis porque pesquisas provaram que as feições fazem com que as crianças não prestem atenção às letras). O personagem da esquerda pronuncia com exagerados movimentos labiais a primeira sílaba de uma palavra, por exemplo, *pa*. À medida que pronuncia, a sílaba *pa* aparece saindo da boca do personagem e indo para a parte inferior da tela. O movimento exagerado dos lábios é feito para atrair a atenção da criança para a boca do personagem, de onde sairão as letras. Repete-se a mesma rotina, com a última metade da palavra, talvez *ta*, saindo da boca do personagem da direita. Finalmente, as duas sílabas ajuntam-se para formar uma única palavra, "pata", à medida que a palavra é pronunciada pelos dois atores em uníssono. Ao ensinar a combinação é importante deixar claro quais as sílabas que estão sendo pronunciadas e quando. A televisão pode fazer isso com facilidade. Recursos como tornar as letras mais nítidas, aumentar seu tamanho, e fazê-las saltarem bem na hora em que estão sendo pronunciadas, possibilitam que a criança associe o som correto às letras corretas na combinação.(7)

Essas técnicas têm duas importantes características. Primeiro, a qualidade dinâmica da televisão modela um aspecto "invisível" da leitura, a combinação — difícil de descrever ou de ilustrar — com elementos estáticos. Desse modo, as formas visuais dinâmicas da televisão ajustam-se às operações mentais que compõem o processo da leitura. Acredito que esta adequação seja parte fundamental do que torna a televisão um bom instrumento de ensino.

A segunda característica é o uso do movimento para dirigir a atenção. Por exemplo, mover os lábios focaliza a atenção da criança para a boca. Ao dirigir a atenção visual da criança, o programa coloca em prática o princípio de que a atenção é um pré-requisito para a compreensão e a aprendizagem.(8) Desse modo, as técnicas usadas em *The Electric Company* envolvem uma cuidadosa combinação dos processos mentais desejados e das práticas utilizadas para estimulá-los. Uma das razões pelas quais *The Electric Company* teve êxito onde as escolas falham é que os recursos da televisão podem ser usados para se lidar de forma mais adequada com os processos mentais de iniciação à leitura, o que é difícil de se conseguir através dos métodos tradicionais de ensino.

TELEVISÃO, INTERAÇÃO COM UM ADULTO E A LACUNA NO CONHECIMENTO

Uma descoberta relevante das pesquisas sobre televisão é que os efeitos dos programas de TV sobre a aquisição de conhecimentos são mais intensos se um adulto interagir com a criança, enquanto ela estiver assistindo à televisão. O adulto pode estimular a criança a prestar atenção, pode emitir opiniões e explicar coisas que a criança não compreendeu. Assistir com a criança não é suficiente, é essencial conversar sobre o programa que está sendo assistido.(9) De fato, as pesquisas sobre *Vila Sésamo*, tanto nos Estados Unidos quanto em Israel, apontam que, em grande parte, as diferenças no nível de aprendizagem entre as crianças desfavorecidas e as privilegiadas são eliminadas se as crianças desfavorecidas assistirem aos programas em companhia de um adulto que os discuta com elas.(10)

Embora esse tipo de discussão com um adulto possa ocorrer em casa, nem sempre o adulto terá disponibilidade para isto. Na escola, ao contrário, o professor sempre está disponível para cumprir esse papel. Isso sugere que levar à sala de aula programas educativos, atraentes e de alta qualidade, integrando-os à discussão em classe, poderia reduzir significativamente as defasagens educacionais entre as crianças desfavorecidas e as privilegiadas.

TELEVISÃO E EDUCAÇÃO NA NIGÉRIA

Alguns países do Terceiro Mundo usaram a televisão para educar as crianças cujos pais não tinham recebido educação formal ou eram analfabetos. Essas experiências demonstram que a televisão pode ser eficiente como veículo principal de educação, em situações onde não apenas determinados grupos, mas a maioria esmagadora da população é "educacionalmente desprivilegiada" do ponto de vista da educação formal.

O exemplo mais dramático é a *Téléniger*, na Nigéria, que teve início em 1964. Através da televisão, a *Téléniger* levou as primeiras cinco séries às crianças que, além de serem educacionalmente "desprivilegiadas", nem mesmo falavam a língua oficial usada nas escolas, o francês. Outra dificuldade era a falta de professores treinados.(11)

A *Téléniger* evitou a armadilha de transpor os recursos de um veículo de comunicação anterior ao conteúdo do mais recente: não usou a televisão para apresentar professores dando aulas televisadas. Ao invés disso, o projeto abriu campo novo ao tentar utilizar todas as técnicas próprias à televisão. Por exemplo, muita coisa era ensinada através de roteiros dramáticos, geralmente ambientados em aldeias tradicionais, semelhantes àquelas em que as crianças viviam.

Na área de ensino da língua, a *Téléniger* apresentava palavras e diálogos, tornando-os vívidos através da imagem, o que facilitava sua intelecção. Por exemplo, um objeto seria apresentado na tela e depois denominado. Mais tarde, a imagem seria retirada e a criança deveria lembrar-se do significado da palavra. Este método contrapõe-se ao ensino mais tradicional de línguas, segundo o qual aquilo de que se fala não é ilustrado visualmente e deve ser evocado pela tradução — um método relativamente ineficaz de ensino de uma segunda língua.

A *Téléniger* projetou estratégias para estimular a participação. O lema era: "crianças são mais *atores* que espectadores".

Ensinar o francês era fundamental para a educação na Nigéria, pois era tanto uma língua estrangeira (a língua de seus colonizadores) como a língua nas escolas. Conseqüentemente, os resultados do estudo do francês eram particularmente importantes. Conta-se, como curiosidade, que os visitantes franceses ficaram surpresos ao ver como as crianças falavam bem após dois ou três anos de estudo apenas. As crianças conseguiram bons resultados nos testes padronizados de todas as matérias (todas dadas em francês). Além disso, não se fazia os alunos repetirem de ano, uma prática em geral bastante comum no sistema educacional francês, mesmo na França. Os alunos tornaram-se bastante apegados à escola, indo até lá mesmo quando o professor faltava, e reduziu-se o tempo necessário para realizarem os exames finais que lhes confeririam o diploma da escola primária, de seis para cinco anos. Tudo isto foi feito sem professores treinados, usando-se pessoas que tinham apenas o primário, mais três meses de treinamento especial para o projeto.

O trabalho dos professores não era basicamente dar aulas (o que não poderiam fazer sem mais treinamento, provavelmente), mas ajudar as crianças a entenderem os programas de televisão e estimulá-las a conversar sobre eles. Além disso, as crianças eram incentivadas a reagir mais ativamente, por exemplo, fazendo representações baseadas nos programas que assistiram. Isso é particularmente importante, tendo em vista o fato de as pesquisas terem revelado (por exemplo, na Colômbia) que, associando-se a televisão a uma atividade escolar mais envolvente como a discussão, a eficácia do aprendizado é maior do que se o programa de TV for seguido de uma aula. Desse modo, a falta de professores treinados, na verdade, pode ter constituído uma vantagem, pois exigiu por parte do aluno uma participação mais ativa no processo de aprendizagem. A importância da participação ativa sempre vem à tona nos resultados de pesquisas sobre o uso educacional da mídia.

O exemplo da *Téléniger* demonstra o imenso potencial da televisão para superar as desvantagens educacionais. Certamente, este potencial aplica-se ao desenvolvimento educacional do Terceiro Mundo, bem como às crianças pertencentes a grupos menos favorecidos nos países industrializados.

COMPATIBILIDADE CULTURAL

Embora o poder de atração da televisão e sua capacidade de comunicar sejam universais, o estilo e o conteúdo da programação precisam ser adaptados a cada cultura. Algumas vezes, um tipo de programa que é um sucesso em uma cultura, não funciona em outra. Isso aconteceu quando a versão castelhana de *Vila Sésamo* foi testada no México. Aproximadamente a metade de cada programa foi produzida no local, com personagens, cenários e linguagem peculiares à América do Sul e Central, quando não especificamente ao México. Quando o programa foi testado na Cidade do México, as crianças de famílias muito pobres conseguiram aprender com o programa, tal como nos Estados Unidos.(12) Mas, quando o programa foi testado em áreas rurais, não conseguiu atingir seus objetivos de ensino. Como diz Hilda Himmelweit: "a rápida mudança de cenas e personagens, destinada a prender a atenção das crianças americanas das áreas urbanas, provocou a desatenção das crianças mexicanas, acostumadas a um ritmo de vida lento e menos agitado".(13)

A universalidade do veículo não deveria ser uma desculpa para uma nova forma de imperialismo cultural, onde os países ricos distribuem indiscriminadamente sua programação pelo mundo. E os países pobres precisam também considerar a adequação cultural dos programas que lhe são vendidos.

Uma importante característica da televisão é sua grande acessibilidade. Para que as crianças aprendam a linguagem televisiva, basta assistirem à televisão; não há necessidade de se ensinar alguém a "ler" o código simbólico da televisão. Ademais, o aparelho de televisão é bastante barato, nos Estados Unidos, para que seja vendido em grande escala. Evidências de diferentes países e subculturas demonstram que as crianças que apresentam dificuldades para aprender a partir dos livros e das aulas, não enfrentam estes problemas quando se trata de aprender pela televisão. Usada corretamente, a televisão poderia ajudar bastante a elevar os níveis médios de educação, tanto nos países industrializados quanto nos do Terceiro Mundo.

Até agora, não mencionei a qualidade artística e os méritos da produção dos programas de televisão. Além de um bom projeto educacional, as qualidades estéticas e criativas de um programa são, sem dúvida, importantes para seu sucesso no ensino. Em El Salvador, uma tentativa de reforma educacional, que envolvia o uso da televisão, apresentou resultados variáveis, dependendo da qualidade de determinados programas.(14) Embora seja difícil avaliar aspectos com a qualidade artística, é importante ter-se em mente que a televisão é tanto uma arte quanto uma tecnologia. A plena exploração do potencial educativo da televisão deve depender do uso da arte e, também, do conhecimento da tecnologia, da criança, da cultura e do assunto.

6. COMPARANDO A PALAVRA ESCRITA, O RÁDIO E A TELEVISÃO

"O meio é a mensagem." O significado desta afirmação de Mc-Luhan é que cada meio tem influência sobre o modo como funciona a mente das pessoas e que independem do conteúdo que é veiculado pelo meio. Vimos, em capítulos anteriores, que assistir à televisão, por exemplo, realmente parece estimular nas crianças de hoje determinadas habilidades mentais que nós, que crescemos antes da vasta difusão da TV, não desenvolvemos. (Os capítulos 7 e 8 mostrarão como as habilidades mentais desenvolvidas ao se assistir à televisão podem ajudar as crianças a dominarem os meios de comunicação mais recentes como os *videogames* e os computadores.)

Aqueles que se preocupam com os efeitos da televisão sobre o intelecto da criança, comparam, implicita ou explicitamente, a televisão à palavra escrita. As crianças de hoje não sabem mais ler, dizem, e isso é culpa da televisão. Nosso sistema educacional é construído em torno da palavra escrita, e da leitura. Há uma suposição universal de que a palavra escrita é um meio intelectualmente privilegiado — e que a televisão, em contrapartida, estimula as crianças a serem passivas, ignorantes e não-imaginativas.

Historicamente, o veículo que sucedeu a palavra escrita não foi a televisão, mas o rádio. Hoje, nos Estados Unidos, o rádio especializou-se em música; quase não existe programação infantil no rádio, e poucas crianças o ouvem. Entretanto, para a geração pré-TV, o rádio foi um veículo influente. Se quisermos saber as mudanças psicológicas que a televisão provocou, é útil compará-la não só à palavra escrita, mas também ao seu predecessor histórico imediato, o rádio.

É provável que a palavra escrita, o rádio e a televisão provoquem diferentes processos sociológicos e sociais em seus públicos. A fim de investigar tal possibilidade, consideraremos o que cada veículo acrescentou, psicologicamente, ao que o precedeu. Esta investigação poderá nos dar alguns esclarecimentos sobre a contribuição específica que cada meio de comunicação pode proporcionar ao desenvolvimento humano.

A PALAVRA ESCRITA E OS PROCESSOS INTELECTUAIS

A palavra escrita foi a primeira tecnologia da comunicação de massa. Não foi, entretanto, o primeiro meio simbólico da comunicação humana. A linguagem oral e a comunicação direta precederam-na de longe. Assim, a primeira pergunta a fazer sobre a palavra escrita é o que ela acrescenta à comunicação direta, em termos de impacto sobre o desenvolvimento humano.

Uma característica óbvia da palavra escrita é que ela permite a acumulação de conhecimentos ao criar um meio de registrar informações. Daí, o surgimento da palavra escrita permitiu a qualquer indivíduo letrado o acesso a um armazenamento enorme de informações, o que não era possível em uma cultura não-letrada. Outra postulação, mais interessante do ponto de vista das mudanças na consciência produzidas pelos diferentes meios de comunicação, é que aprender a ler e a escrever afeta os processos de pensamento, como a classificação, o raciocínio e a memória.

Na maioria das culturas, a capacidade de ler e escrever está ligada à instrução, de forma que é impossível separar os efeitos específicos da alfabetização daqueles da educação formal. Mas, na Libéria, há um grupo cultural, os *vai*, que mantêm um sistema de escrita fora do contexto da escola. Dois pesquisadores natos, Sylvia Scribner e Michael Cole, estudaram os *vai* a fim de examinar os efeitos psicológicos da escrita separadamente daqueles referentes à educação formal.(1)

Na cultura *vai* há três tipos de escrita, cada qual com seu conjunto particular de condições de aprendizagem e padrões de utilização: a escrita *vai*, adquirida pelos adultos através de meios informais: o árabe, aprendido pelas crianças nas escolas alcoranistas; e a escrita inglesa, ensinada nas escolas de estilo europeu. Assim, o estudo dos *vai* proporciona uma oportunidade para se determinar as diferentes condições de aprendizagem e uso da escrita. Os *vai* são, também, um grupo de controle, a maioria da população que ainda não teve oportunidade de adquirir qualquer tipo de escrita.

A descoberta mais importante de Scribner e Cole foi negativa: constataram que o uso da escrita não gerou grandes mudanças. Ao invés disso, as diferentes escritas, cada qual com seus próprios métodos de aprendizagem e uso, tiveram efeitos diferentes.

Explicação verbal e escolarização. A alfabetização em inglês pela escola, por exemplo, levou ao desenvolvimento de uma habilidade geral para se elaborar explicações verbais. Já que a alfabetização em árabe e no dialeto *vai* não tiveram este resultado, não deve ser a capacidade de ler e escrever, em si, que cria as habilidades explanatórias; o desenvolvimento da habilidade de formular explicações verbais deve ser produzido por outros aspectos da escolarização. Scribner e Cole atribuem importância especial ao diálogo professor-aluno em classe: os professores fazem perguntas que dão aos alunos prática na formulação de explicações do tipo: "O que o fez dar esta resposta?"

A descoberta de que é a educação formal, e não a alfabetização em si, que cria as habilidades intelectuais mais gerais, tem grande significado educacional. Indica que a palavra escrita em si pode não ser o meio mais eficiente de educação: que a interação entre o professor e o aluno pode ter efeitos mais significativos à educação escolar do que ao meio usado para a escolarização. No capítulo 5 vimos que a discussão com um adulto é um aspecto importante para o que as crianças aprendem através de um programa de televisão. Desse modo, ao se complementar a programação de TV com diálogos e discussões, esta pode tomar o papel tradicionalmente reservado à palavra escrita, ao passo que, sem este recurso, a palavra escrita perde seu poder como meio educacional. Voltarei a este tema importante nos capítulos posteriores, particularmente no capítulo 9, onde sugiro que a mídia eletrônica seja mais utilizada nas escolas.

Escrita e clareza verbal. Os *vai* usam tanto o inglês quanto o dialeto *vai*, mas não o árabe, para escrever cartas. O árabe é essencialmente usado para a aprendizagem mecânica do Alcorão.) Em um experimento, pediu-se a um grupo de pessoas que ditasse uma carta explicando as regras de um novo jogo de tabuleiro ou o caminho para suas chácaras. A idéia era que mais informações devem ser verbalmente explícitas em uma carta do que numa comunicação direta, onde os gestos e outros meios não-verbais podem transmitir parte da mensagem. Por exemplo, ao explicar um jogo de tabuleiro, identificam-se as peças, numa comunicação direta, apontando-se para elas, mas estas devem ser verbalmente descritas em uma carta. Esta análise foi confirmada pelos resultados. Tanto os letrados em *vai* quanto os letrados em inglês deram mais informações verbais explícitas em suas cartas do que os iletrados, mas não houve diferença entre os iletrados e os letrados em árabe. Novamente, não foi a natureza do meio em si — a palavra escrita — que levou a esses resultados, mas seu *uso*: o fato de os *vai* usarem o *vai* escrito e o inglês escrito para se comunicarem por meio de cartas.

A escrita e a linguagem oral. É uma generalização inquestionável que a escrita tende a ser mais historicamente conservadora do que a linguagem oral. Formas antigas que desapareceram da fala são mantidas na escrita. Uma questão interessante se segue: a fala de uma pessoa letrada é influenciada pela sua prática da linguagem escrita, com suas formas mais arcaicas? Steven Reder, lingüista que trabalhou com Scribner e Cole, indentificou um som particular ("I" no meio de uma palavra) que estava desaparecendo do *vai* falado. Comparou, então, a fala dos letrados e iletrados em relação a esse fonema, e descobriu que os letrados tendiam a pronunciá-los mais do que os iletrados. Embora a freqüência de um único fonema possa não afetar a alfabetização de forma significativa, o princípio é importante: um meio de comunicação (neste caso a escrita) é capaz de alterar o estilo de comunicação de uma pessoa em outro meio (neste caso, a fala).

As descobertas de Reder podem ser aplicadas aos meios de comunicação de massa. O rádio e a televisão, sendo modos de comunicação mais oral do que escrita, não terão, provavelmente, a influência conservadora sobre a fala que a escrita tem. Desse modo, a linguagem falada pode agora, sob tais influências, estar mudando mais rapidamente do que quando a palavra escrita era o principal meio de comunicção de massa. Esta rápida mudança pode ser um dos fatores que nos levam à impressão generalizada de que a linguagem vem se deteriorando a um ritmo cada vez mais acelerado e de que as crianças falam pior do que os mais velhos. A mudança da linguagem é interpretada como deterioração do padrão criado em épocas anteriores. Quanto mais rápida a mudança, mais séria a deterioração percebida. Sob um prisma histórico, entretanto, o erro de hoje pode ser a forma padrão de amanhã.

ESCRITA E INTERAÇÃO SOCIAL

Mallory Wober examinou as conseqüências sociais da alfabetização em um estudo na Nigéria. Dois tipos diferentes de habitação eram oferecidos aos trabalhadores de uma empresa. Um dos tipos estava localizado num ambiente africano tipicamente urbano: a população era densa, muita agitação nas ruas, muito barulho e música tocando por toda a parte. O outro tipo era uma moradia de estilo europeu em uma área residencial suburbana, oferecida pela empresa: as casas eram separadas por jardins e a vizinhança era residencial e tranqüila; bom encanamento nos banheiros e cozinhas. Wober descobriu que um dos motivos dados para preferir o segundo tipo de habitação era estar em paz e tranqüilo para ler.(2) Desse modo, o domínio da palavra escrita seria um dos fatores que levaria os trabalhadores a rejeitar um ambiente caracterizado por muitos contatos sociais.

Se as descobertas de Wober apreendem uma verdade geral sobre a escrita, então esta é o meio original de isolamento social. McLuhan percebeu isso vinte anos atrás; como colocou: "Não estamos mais bem preparados para enfrentar o rádio e a televisão em nosso ambiente letrado do que o nativo de Gana em relação à escrita, que o expulsa de seu mundo tribal coletivo, acuando-o num isolamento individual." (3) A escrita foi o único meio de comunicação que exigiu isolamento para sua prática eficaz.

Este é um ponto importante que devemos relembrar quando ouvimos críticas sobre os efeitos isoladores da televisão, *videogames* e computadores. Apesar de não amenizar o problema, este aspecto coloca-o em uma perspectiva histórica. (De fato, todas as pesquisas sobre os efeitos da televisão nos padrões infantis de interação social indicam que a TV não tem influência alguma sobre o número de horas que as crianças dedicam aos vários tipos de compromissos sociais.) (4)

COMPARANDO A PALAVRA ESCRITA, O RÁDIO
E A TELEVISÃO

As evidências aqui são diferentes das obtidas no estudo de Scribner e Cole. Kathy Pezdek e Ariella Lehrer realizaram uma investigação para determinar se o rádio e a televisão requerem os mesmos processos cognitivos para se extrair informações e significados que aqueles necessários para se entender a palavra escrita. Um grupo de crianças de segunda e sexta séries leu em voz alta uma história tirada de um livro ilustrado e ouviu outra história no rádio; outro grupo leu uma história em voz alta e assistiu a outra pela televisão. Em seguida a cada história, as crianças respondiam a vários testes de compreensão a memorização.

Houve uma correlação positiva entre os pontos obtidos na leitura e os pontos obtidos na audição, tanto nos testes de compreensão como de memorização. Ou seja, a criança que leu em voz alta, com boa compreensão e memorização do material lido, também compreendeu e se lembrou da história ouvida pelo rádio. Estes resultados indicam que as mesmas habilidades de processamento de informação são evocadas pela palavra escrita e pelo rádio. A razão provável para essa correlação positiva é que ambos os meios são exclusivamente verbais.

Em contraste com os resultados no caso da palavra escrita e do rádio, não houve correlação significativa, em nenhum dos testes, entre os pontos obtidos após se ler a história e aqueles obtidos depois de assisti-la pela TV. Ou seja, uma criança que tivesse assistido à história pela TV, com boa compreensão ou memorização, não obteria, necessariamente, um desempenho, semelhante ao ler a história; as habilidades necessárias para se extrair informações e memorizá-las, através da leitura ou da TV, são independentes.

Entretanto, recentemente, Miri Ben-Moshe e Gavriel Solomon verificaram que o treino de crianças da sexta série para assistir à televisão de modo mais ativo e criterioso, fazendo-se perguntas inteligentes sobre os programas, melhorava sua compreensão na leitura.(6) Isso indica que, sob determinadas condições, as mesmas habilidades podem ser empregadas no ato de ler e de assistir à TV. Parece que o fato de os dois meios estimularem ou não os mesmos processos depende de *como o meio de comunicação* está sendo usado. Há evidências de que a televisão realmente interfere na leitura, sob certas circunstâncias; (7) no entanto, isto não ocorre devido a um conflito intrínseco entre os dois meios, mas se deve ao modo habitual de se assistir à televisão, sem preocupação ou esforço.(8) Retornarei a este ponto mais adiante.

Ao comparar os níveis de compreensão e memorização da palavra escrita e da televisão, Pezdek e Lehrer constataram apenas uma diferença estatisticamente confiável, que favorecia a televisão. Desse modo, em termos de aprendizagem, a palavra escrita não merece ser tão valorizada, nem merece a televisão ser alvo de considerações tão negativas.

Pezdek e Lehrer também comprovaram que a televisão possibilitou melhor compreensão e memorização do que o rádio. Este resultado (que também foi verificado por Jessica Beagles-Roos, por mim e por outros pesquisadores) (9) é particularmente interessante, já que muitos testes eram verbais. Indica que ao se acrescentar imagens visuais dinâmicas, as informações apresentadas verbalmente tornam-se mais fáceis de serem lembradas. Desse modo, a televisão é um veículo mais eficiente que o rádio, para a transmissão de informações às crianças.

Essas experiências confirmam o poder especial da televisão para a aprendizagem. As crianças tendem a conseguir uma aprendizagem melhor daquilo que assistem pela televisão do que daquilo que lêem ou ouvem pelo rádio ou gravador. Esse poder significa que a responsabilidade dos produtores de televisão é muito maior; a necessidade de se garantir qualidade é mais urgente do que com os meios de comunicação mais antigos.

DIFERENÇAS NO ESTILO VERBAL

Em termos de estilo verbal, o rádio assemelha-se à palavra escrita, ao passo que a televisão assemelha-se à comunicação oral direta. Isso confirma que os atos de ler e ouvir envolvem as mesmas habilidades de processamento de informações, enquanto a televisão, sob condições visuais comuns, envolve um conjunto diferente de habilidades.

Referência vaga. Meus colegas e eu elaboramos um estudo onde comparamos o rádio e a televisão.(10) Cada criança ouviu pelo rádio ou assistiu a um programa e, em seguida, contou a mesma história a um adulto, acreditando que ele não a conhecesse. Descobriu-se uma interessante diferença estilística em resposta aos dois veículos de comunicação: as crianças fizeram referências mais vagas aos personagens, ao contarem a história vista pela televisão, do que ao contarem a história que ouviram pelo rádio.

Exemplo de referência vaga é o uso de pronomes do tipo "ele" ou "ela" sem antes ter se referido ao sujeito. Outro exemplo é o uso de termos gerais do tipo "o menino", "a mulher" sem identificação prévia. Pronomes ou termos gerais de referência são usados quando a identidade da pessoa já foi esclarecida verbalmente, por exemplo, com um nome próprio, ou não-verbalmente, por exemplo, apontando-se ou olhando-se o objeto ou pessoa referidos em questão. Uma vez feita referências prévias a objetos ou pessoas, o uso de um pronome ou termo geral não se torna vago.

Acredito que as referências vagas ao personagem, feitas ao se contar as histórias vistas pela televisão, provavelmente passem despercebidas por parte do falante. O que parece ocorrer é que este último tem na mente a imagem visual do personagem, por tê-lo visto na televisão e, conseqüentemente, refere-se a ele como informação já adquirida, por meio de um pronome ou termo geral. O problema, sem dúvida, é que o ouvinte não pode ver a imagem que a pessoa que fala tem na mente. E, em conseqüência, do ponto de vista do ouvinte, o uso de um pronome ou termo geral, sob essas circunstâncias, é vago e não lhe transmite informações suficientes.

Ao recontar as histórias ouvidas pelo rádio ou gravador, as crianças não formaram a imagem visual mental e, conseqüentemente, seus relatos contiveram mais informações verbalmente explícitas. Essa qualidade do rádio assemelha-se ao efeito da escrita nas cartas ditadas do *vai*. Realmente, o rádio, enquanto meio, é estruturalmente similar à escrita: em ambos, a mensagem deve ser verbalmente completa e, portanto, explícita. Nem a escrita, nem o rádio podem complementar ou ilustrar a mensagem através da comunicação visual. Sob este importante aspecto, tais meios diferem da comunicação direta e da televisão.

Não posso provar a conexão com a televisão mas, como professora, tenho observado um número surpreendente de referências vagas nos escritos de estudantes universitários. Ocorre-me que este possa ser um efeito a longo prazo das horas excessivas de televisão assistidas pelos jovens. Em outras palavras, o efeito imediato da televisão, visto em nosso estudo, repetido muitas e muitas vezes, poderia se transformar em uma abordagem geral à comunicação. Tal abordagem pode ser adequada no caso da interação direta, onde ambos os participantes geralmente podem ver o que estão falando, mas não é adequada na escrita, onde não há indicações não-verbais.

Referência vaga na televisão. Uma das razões pelas quais os telespectadores, crianças ou adultos, utilizam referências vagas é que esta é comum na comunicação verbal exibida pela televisão. Para testar tal afirmação, usei transmissões de *beisebol* como experimento controlado. Já que os mesmos jogos são geralmente transmitidos pelo rádio e pela televisão, consegui gravar partes dos mesmos momentos de um jogo em ambos os veículos. Gravei vários trechos do quarto jogo da série Mundial de 1982 entre os St. Louis Cardinals e os Milwaukee Brewers. A comparação das amostras das gravações dos dois veículos proporciona apoio preliminar à minha análise.

Como esperava, havia mais referências vagas na versão televisada do que na irradiada. Observei como os batedores eram descritos no momento decisivo quando eles acertavam, batiam ou andavam. Em metade das situações, a identidade do batedor não era mencionada na televisão, mas o era no rádio. O locutor da televisão aparentemente confiava que a imagem visual identificaria o batedor, ao passo que o locutor de rádio mencionava seu nome. As referências vagas estendiam-se à ação também. Ocasionalmente o locutor da televisão diria o nome do batedor, confiando que a imagem visual mostraria o que o batedor fizera, ao passo que o locutor de rádio diria o nome do batedor, além de descrever sua ação. Esses resultados preliminares indicam que a televisão exibe um modelo verbal que, quando diretamente transferido para a escrita, é rotulado como referência vaga.

Dois estilos de comunicação. Se esta análise estiver correta, a referência vaga deriva de um estilo audiovisual de comunicação em que a imagem visual associa-se às palavras para completar a mensagem. Contrapõe-se ao estilo puramente verbal, ao qual as palavras veiculam a mensagem inteira. A análise das transcrições do *beisebol* sugere que a narrativa televisada tem seu próprio estilo audiovisual, ao passo que o rádio tem um estilo verbal. Por exemplo, o rádio dava mais informações orientadoras (tal como o placar) do que a televisão. Esse fato assemelha-se à descoberta de Scribner e Cole de que os *vai* alfabetizados em seu dialeto ou em inglês forneciam mais informações em suas instruções verbais do que os não-alfabetizados.

A análise de tais diferenças entre o rádio e a televisão sugere que as crianças expostas a um determinado meio eletrônico estão sendo expostas a um modelo muito particular de estilo verbal. Ressaltei, anteriormente, que a televisão promove o uso de referências vagas entre as crianças. Parece-me que a referência vaga é um aspecto característico de um estilo de comunicação audiovisual mais geral. A televisão também promove outros aspectos do estilo audiovisual na comunicação direta das crianças.

Provas nesse sentido vêm das pesquisas de Laurene Meringoff, que observou que as crianças freqüentemente usavam mais os gestos para recontar uma história vista na televisão do que ao relatar uma história que tivesse sido lida num livro ilustrado.(11) Muito freqüentemente, esses gestos se constituíam num modo não-verbal de falar sobre uma ação ocorrida no filme. Assim, devido à sua descrição dinâmica da ação, a televisão conduziu a uma integração maior da comunicação visual com a verbal do que o livro de histórias.

Em suma, o rádio assemelha-se à palavra escrita ao apresentar e, conseqüentemente, favorecer um estilo verbal articulado de comunicação. A televisão assemelha-se à comunicação direta ao apresentar e, conseqüentemente, promover um estilo audiovisual. Historicamente, com o advento da palavra escrita, houve um abandono do estilo audiovisual. O rádio reforçou tal mudança e a manteve. A televisão, no entanto, promoveu a volta ao estilo audiovisual. Acredito que a televisão, por este motivo, seja vista como uma ameaça ao avanço histórico e cultural que a precedeu. Acho, também, que esta mudança no estilo de comunicação leva-nos a considerar a televisão não só uma ameaça à cultura escrita, mas também à linguagem falada.

A MÍDIA E NOSSOS SENTIDOS

A mídia afeta a relativa importância de nossos sentidos? O meio visual, como a televisão, por exemplo, ensina seu público a confiar mais na informação visual do que na auditiva? Escrevendo sobre o que chamou "a proporção entre nossos sentidos", Marshall McLuhan levantou esta questão anos atrás em *A Galácia de Gutenber*, onde considerou os efeitos da alfabetização, e em *Os Meios de Comunicação como Extensões do Homem*, onde discutiu a mídia eletrônica. McLuhan não possuía sólida evidência científica para responder à pergunta, e não explorou muito a questão no que diz respeito às crianças. Mas nos últimos cinco anos, houve um acúmulo de dados que propiciam a análise desta questão em relação às crianças e seu desenvolvimento.

Sabemos que quando as crianças assistem à televisão, retiram mais informação do aspecto visual do que do sonoro.(12) Entretanto, fica-se imaginando se as crianças simplesmente têm dificuldade em entender e se lembrar do material verbal ou se os movimentos visuais distraem sua atenção. Para as crianças de 5 anos, a imagem na TV parece não prejudicar seu entendimento das informações auditivas; de modo geral, nesta idade, o som é igualmente compreensível e fácil de memorizar, seja parte de uma apresentação televisiva, ou apresentado como trilha sonora separada.(13) Parece que as crianças pequenas simplesmente têm mais dificuldade para se lembrar do material verbal do que do visual.

Isto não acontece com as crianças mais velhas. Beagle-Roos e eu verificamos que, à medida que as crianças ficam mais velhas, tornam-se mais capazes de recordar informações puramente verbais. Nas crianças mais velhas, o impacto de informações puramente verbais é maior no rádio do que na televisão.(14) Ao comparar o grau de memorização de histórias transmitidas pela TV ou pelo rádio, verificamos que os diálogos eram mais citados quando se contavam as versões irradiadas, embora os mesmos diálogos tivessem sido apresentados em ambas as trilhas sonoras.(14) Desse modo, o rádio estimulava uma maior atenção à trilha sonora verbal. Para usar os termos de McLuhan, a proporção dos sentidos — auditivos e visuais — difere de acordo com o meio.

Até agora, tratei o visual em contraste ao auditivo. Mas o fato importante sobre a televisão é que ela é um meio audiovisual onde os dois modos de expressão estão integrados. Que espécie de impacto esta integração tem sobre as crianças? Pesquisas na Inglaterra, feitas por Diane Jennings, indicam que somente após os 7 anos de idade a adição de uma trilha sonora a um filme mudo acrescenta algo à memorização imediata de um filme por parte da criança.(15) Desse modo, para as crianças mais novas a informação visual predomina sobre a verbal; a capacidade de integrá-las num todo maior é um processo posterior.

A questão da causalidade. O que não está claro até agora é se a exposição à televisão *determina* uma predominância da percepção visual ou simplesmente se a TV vem de encontro a um estágio de desenvolvimento que ocorre naturalmente. Colocando a questão nos termos de McLuhan, a televisão está levando a criança a utilizar mais o sentido da visão, ou está simplesmente beneficiando-se de uma tendência preexistente?

A criança desenvolve bastante sua capacidade visual no primeiro ano de vida, antes de adquirir a linguagem. Embora esteja no processo de aprendizado de uma língua, ela usa o conhecimento do mundo visual para ajudar a decodificar a língua-mãe.(16) Desse modo, o entendimento visual das pessoas, objetos e ações é um modo primário, que antecede a compreensão do mundo através da linguagem. A supremacia da visão sobre a linguagem se confirma, e a TV, comprovadamente, tira proveito desta tendência. Já a partir dos seis meses de idade, o bebê prestará mais atenção ao aparelho de televisão com uma figura na tela mas sem som, do que a um aparelho com som mas sem figura.(17)

Um modo de determinar se a televisão faz mais do que explorar a predominância preexistente da visão sobre a fala é analisando a forma como os adultos processam a informação visual e auditiva, quando os dois não estão competindo. Se a televisão *causa* a predominância do visual, tal efeito deveria ter a mesma influência, tanto nos adultos como nas crianças; mas se consideramos o efeito como função da exposição à televisão, este deveria, talvez, ser bem mais forte nos adultos, pois estes tiveram muito mais experiência com a televisão durante o curso de suas vidas.

Esta questão é tratada por um estudo em que um filme sem diálogo, *The Red Balloon* (O Balão Vermelho), foi mostrado a alguns adultos e outro grupo ouviu uma narração gravada de episódios cuidadosamente interligados da mesma história. Crianças numa situação semelhante lembraram-se melhor do filme mudo do que da trilha sonora sozinha.(18) No caso dos adultos, entretanto, a lembrança imediata de *The Red Balloon* foi bastante semelhante nos dois meios.(19) De acordo com este estudo, a predominância do visual desaparecia com a idade. Isso indica que a televisão não altera a proporção dos sentidos de modo permanente, mas que, nas crianças pequenas, ela faz uso de uma predominância que ocorre naturalmente, que favorece o visual naquela determinada fase da vida. Este é um ponto importante na defesa da televisão. Embora o sentido da audição possa ser menos importante ao assistir à TV do que ao ouvir o rádio ou gravador, a televisão não reduz, a longo prazo, a importância dos estímulos auditivos em geral.

Imagens visuais e memorização. Embora a predominância do sentido da visão sobre a audição, certamente diminua com a idade, não desaparece totalmente. Apesar da memória imediata de ˙*The Red Balloon* pelos adultos não ter sido afetada pelo meio, um segundo teste, sete dias após as exibições, mostrou que a retenção da história diminuiu mais rapidamente nos participantes que a ouviram do que nos que assistiram ao filme. Mesmo para os adultos, a memória visual provou ser mais duradoura do que a memória auditiva. O significado desta constatação foi apreendido em um comentário de um amigo meu sobre o filme *My Dinner with Andre* (Meu Jantar com André), que não possui qualquer ação, mas simplesmente registra uma longa conversa na mesa de jantar: "Todo mundo gosta, mas ninguém lembra nada dele."

Um filme como *E. T.* está no extremo oposto de *My Dinner with Andre*. É um filme extremamente visual, onde a comunicação não-verbal predomina e há poucos diálogos. Essa pode ser uma das razões para sua grande popularidade entre as crianças: adapta-se à forma como utilizam naturalmente os sentidos, onde o visual predomina sobre o auditivo. Para os mais velhos, em contrapartida, especialmente para aqueles que foram socializados por meio da palavra escrita e do rádio, em vez da televisão e cinema, esta qualidade não-verbal pode ser repugnante.

O SENTIDO INTERIOR: IMAGINAÇÃO

Em uma entrevista, um locutor aposentado que fazia transmissão de beisebol pelo rádio lamentava o aumento das transmissões televisadas de beisebol, em detrimento do rádio. Neste, ele dizia, o ouvinte participava igualmente com o locutor; era um parceiro em igualdade de condições. O ouvinte tinha de usar a imaginação e a memória, continuou, e era uma pena que isto não acontecesse mais.

Existe alguma verdade na idéia de que o rádio serve como estímulo à imaginação? A crença é a de que o ouvinte participa igualmente com o locutor porque tem de contribuir com uma imagem mental do jogo à medida que este se desenrola, uma imagem que envolva memória, sendo própria a cada ouvinte. Esta análise implica que o rádio estimularia a imaginação, mais do que a televisão, simplesmente porque requer mais a imaginação.

Outro estudo comparando o rádio e a televisão foi elaborado para testar esta hipótese com crianças do 1.º grau. Novamente exibiu-se a cada criança uma história pelo rádio e outra diferente pela televisão. Mas, desta vez, interromperam-se ambas as histórias um pouco antes de seu final e pediu-se às crianças que as continuassem. A quantidade de elementos inéditos que as crianças introduziram em suas conclusões, que não faziam parte da história que viram ou ouviram, foi a base para nossas medidas da imaginação. Nossa descoberta básica foi a de que as crianças mostraram mais imaginação nas histórias ouvidas pelo rádio do que naquelas vistas pela televisão. Assim, os resultados obtidos parecem fornecer prova científica para a crença expressa pelo locutor de rádio de que este estimula a imaginação.(20)

Foi dito que a televisão realmente diminui a atividade imaginativa. Por exemplo, Dorothy e Jerome Singer descobriram, por meio de um estudo de pré-escolares, que quanto mais televisão a criança assistia, era menos provável que tivesse um amigo imaginário (que consideravam como um índice de imaginação). Acompanhando as mesmas crianças até os oito anos de idade, verificaram que aquelas que ficavam muitas horas diante da televisão, assistindo principalmente a programas de ação e aventuras, continuaram a mostrar uma correlação com pontos relativamente baixos obtidos em jogos de imaginação. Um experiência simples no Canadá demonstrou que a criatividade infantil, medida por sua capacidade de imaginar múltiplos usos para um mesmo objeto, diminuiu após a introdução da televisão naquela cidade.(21)

Entretanto, as influências da mídia sobre a imaginação não são tão simples de se avaliar. Em primeiro lugar, nem todos os programas de televisão têm um efeito adverso sobre a imaginação. Outro trabalho dos Singer assinala a possibilidade de que determinados programas podem estimular a imaginação. Comprovaram que *Mr. Rogers*, um programa infantil invulgar, devido a seu ritmo lento, suas pausas para a criança responder e a criação de um mundo de fantasia, estimula o jogo do faz-de-conta, particularmente nos préescolares menos imaginativos. *Vila Sésamo* também mostrou promover brincadeiras imaginativas em crianças inicialmente pouco criativas, embora pouco menos do que *Mr. Rogers*. Outra dificuldade para esclarecer este ponto é que determinadas tarefas imaginativas ou criativas não parecem ser negativamente afetadas pela televisão, ao passo que outras sim.(22)

Até agora, tenho discutido medidas verbais para avaliar a imaginação. Mas quando as pessoas falam de imaginação, em geral estão pensando especificamente em imagens visuais. Meringoff e seus colegas estudaram apresentações de rádio, televisão e livros ilustrados de histórias para ver qual o tipo de imagens visuais que cada um deles estimulava. Os pesquisadores pediram às crianças que fizessem desenhos sobre a história. A versão pelo rádio estimulou mais desenhos criativos, já que as crianças "escolhiam uma variedade maior do conteúdo da história para representar graficamente e incorporavam mais conteúdo extra em seus desenhos".(23) Entretanto, se considerarmos não a originalidade dos desenhos mas a sua qualidade, então as crianças expostas à televisão e ao livro de história foram melhor. Por exemplo, elas representaram com mais freqüência personagens a partir de perspectivas invulgares, incluindo mais detalhes incomuns. Esse mesmo efeito da televisão sobre desenho foi também observado na Escandinávia.(24) Assim, embora a televisão não promova tanta variedade ou uso da experiência anterior da criança ao criar desenhos, quanto o rádio, ela parece realmente promover habilidades visuais, tais como as exigidas para a criação de perspectivas visuais.

Se o rádio estimula a imaginação mais do que a televisão, é porque deixa lacunas visuais que o ouvinte deve preencher com sua imaginação. Em geral, um pouco de conhecimento anterior é necessário para esse fim. De fato, as crianças usam mais seus próprios conhecimentos e experiências quando interpretam uma história irradiada do que quando interpretam uma história televisada. Resulta que uma apresentação puramente verbal terá mais significado para uma pessoa que tem o conhecimento e a experiência necessários para interpretá-la. A palavra escrita, sendo um meio verbal, deveria estimular também a imaginação e a incorporação da própria experiência do leitor. E, realmente, uma pesquisa provou que a palavra escrita é equivalente ao rádio na estimulação do pensamento criativo.(25)

Tanto ao ler quanto ao ouvir, quando falta às crianças a experiência anterior, elas podem interpretar erroneamente o conteúdo. Em algumas situações, pode ser uma desvantagem, mas também pode ser uma grande vantagem. Se as crianças lêem um livro que vai além de suas experiências com sexo ou violência, elas simplesmente podem imaginar "errado" ou nem sequer imaginar. Na televisão ou no cinema, no entanto, as mesmas crianças, estando ou não preparadas para a experiência, serão forçadas a vê-la como realmente é. Desse modo, a mídia verbal, ao deixar muito para ser preenchido pela imaginação, realmente ajusta-se ao nível de ouvinte ou espectador infantil. Talvez seja por isso, que a violência nos livros ou no rádio não gerou tantas preocupações quanto na televisão ou no cinema, muito embora possa ser retratada com a mesma intensidade.

Após ler *Macbeth*, minha filha, Lauren, foi assistir ao filme de Roman Polanski baseado na peça. Embora ela tenha lido sobre a cabeça decapitada de Macbeth no fim da peça, foi um choque *ver* essa cena no filme. Ela comentou que não tinha percebido tanta violência na peça. Sua reação provavelmente é semelhante às das crianças estudadas há 25 anos na Inglaterra: mais da metade delas disse que tinha ficado mais assustada com as coisas que viu na televisão ou no cinema do que ao ler ou ouvir o rádio.(26) O realismo visual do cinema ou da televisão é uma vantagem para o aprendizado de material novo. Mas também pode ser uma desvantagem, se o material foi além do que a criança está emocionalmente praparada para receber, ou se o objetivo foi estimular a imaginação infantil.

IMPULSIVIDADE *VERSUS* REFLEXÃO E PERSISTÊNCIA

A televisão, em comparação com a palavra escrita, geralmente tem ritmo rápido e está sempre em movimento contínuo. Não dá tempo para que o espectador reflita. Estas qualidades levaram à especulação de que a televisão conduz a um estilo de pensamento mais impulsivo do que reflexivo e a uma falta de persistência nas tarefas intelectuais. Evidências neste sentido foram fornecidas ao se comprovar que, com a redução do tempo que crianças de 6 anos dispunham para assistir à televisão, sua impulsividade intelectual diminuiu e aumentou a reflexão, conforme pôde ser medido por testes padronizados.(27) Um estudo feito nos Estados Unidos comprovou que o ato de assistir muito à televisão estava associado à menor capacidade para esperar e ao aumento da inquietação.(28) No Canadá, adultos de uma cidade sem televisão tendiam a ser mais persistentes na solução de problemas do que aqueles residentes em cidades semelhantes, com televisão.(29)

Todas essas descobertas podem refletir o fato de que a televisão, ao contrário da palavra escrita, deve ser processada no ritmo do programa. Existem sempre novos estímulos que demandam assimilação; o espectador não tem tempo para persistir em entender os já apresentados. (O uso mais generalizado e criativo dos videocassetes pode superar parcialmente esta limitação, ao permitir que o espectador pare um programa, pense sobre ele e inclusive reveja uma parte dele.)

Note que essas qualidades aplicam-se a *toda* televisão. Não estou falando de diferenças no ritmo entre os programas de TV. Houve muita crítica específica a *Vila Sésamo* por causa disso, embora este programa usasse, de fato, uma variedade de estilos, uns lentos outros rápidos. Daniel Anderson avaliou os efeitos do ritmo na reflexão e na persistência. Programas de ritmo rápido tinham cortes freqüentes, mudanças de cena e ação de vários tipos. O mesmo não acontecia com os programas de ritmo lento. Usando programas de *Vila Sésamo* editados especialmente, Anderson não constatou nenhum efeito do ritmo sobre crianças de quatro anos.(30) A redução na reflexão e na persistência causada pela televisão deve provir não de técnicas específicas, mas do fato universal de que ela é um meio que revela o tempo real. Em virtude deste fato, ela impõe o ritmo ao espectador, e não o contrário.

A palavra escrita não só dá tempo para o pensamento reflexivo, em comparação à televisão ou ao cinema, mas também pode descrever o pensamento melhor do que o cinema. Por exemplo, uma parte importante do livro *O Vidiota*,[*] de Jerzy Kosinski, relata pensamentos do personagem principal, Chance. Como meu filho Matthew assinalou, a versão filmada deste livro[**] usa a tela da TV para mostrar ao espectador o que Chance está assistindo, mas é incapaz

---

[*] Em inglês, o título é *Being Here*. (N. da T.)
[**] No Brasil, a versão filmada deste livro levou o nome de *Muito Além do Jardim*. (N. da T.)

de descrever as sutilezas do que ele está pensando. A predominância da televisão e do cinema, dentre os meios de comunicação com os quais as crianças entram em contato significa que a estas não estão recebendo modelos de pensamento reflexivo, pois o cinema é forçado a retratar o pensamento interno através de ação externa. Essa escassez de modelos para reflexão pode ser uma das razões pelas quais assistir à televisão em demasia parece causar um estilo impulsivo de pensamento e comportamento.

IMPLICAÇÕES NA EDUCAÇÃO E NA SOCIALIZAÇÃO

Mais do que o meio em si, é o contexto social e o uso do meio que determinam impacto no modo de pensar das crianças. A palavra escrita, em si, é meramente um meio para transferir informação; não é um conjunto inteiro de habilidades específicas de pensamento. A palavra escrita é, provavelmente, um modo menos eficiente de transmitir informação, no geral, do que a televisão com suas imagens visuais dinâmicas, que são mais facilmente entendidas e lembradas do que as palavras.

A televisão deveria ser mais usada nas escolas para transmitir informações. Mas deveria ser usada com discussões em classe dirigidas pelo professor. A capacidade de as crianças entenderem o que assistiram na televisão pode depender do diálogo professor-aluno que acompanha a apresentação. Como a palavra escrita, a televisão e o cinema não são substitutos para a interação humana, mas devem ser combinados a ela e fortalecidos por ela.

Em termos de educação e socialização, a fraqueza de um meio é a força de outro. Embora a televisão tenha seu valor, a criança também precisa de outras experiências. Os pais deveriam restringir o número de horas que seus filhos passam assistindo à televisão em casa, a fim de usar outros meios e experiências para promover a reflexão e a imaginação. Estimular as crianças a ler fortalecerá estes tipos de pensamento, enquanto o rádio (ou gravações, na falta de programas infantis no rádio) estimulará a imaginação.

A capacidade de ser eloqüente depende de se conseguir expressar verbalmente. Este hábito ou habilidade é promovido mais pelos meios verbais da palavra escrita e do rádio do que pelo meio audiovisual da televisão. A televisão parece promover o uso da comunicação não-verbal, que também é importante. Novamente, é desejável uma combinação dos meios.

Devido ao fato de a televisão ser um meio tão poderoso como recurso didático, é muito mais importante que as crianças sejam expostas a uma programação de alta qualidade que: (1) não vá além de sua maturidade emocional e (2) proporcione fantasia ou apresente fatos que sejam úteis, não nocivos, à vida real. Como melhorar a qualidade da programação de televisão é um ponto crucial, mas que está além do alcance deste livro. Porém, como este capítulo e os anteriores assinalaram, os pais podem fazer muito para melhorar os efeitos da televisão, ao selecionarem os programas que seus filhos devem assistir e ao discutirem os programas para estimulá-los a assistir crítica e reflexivamente.

7. VIDEOGAMES

Em Glendale, Califórnia, subúrbio de Los Angeles, presenciei uma cena que recentemente repetiu-se em muitas partes dos Estados Unidos. A Câmara ouvia depoimentos sobre uma proposta de lei contra os fliperamas. Estes são estabelecimentos semelhantes às antigas casas de sinuca, mas contendo jogos de ação realizados em telas de TV. A mãe de dois adolescentes levantou-se e queixou-se de que seus filhos usavam a metade de seu dinheiro do lanche para jogar. A presidente da Associação de Pais e Mestres de Glendale prosseguiu com o mesmo tema. Na parte mais eloqüente de seu apelo emocional, o primeiro orador disse: "Isso me lembra o ato de fumar. O fumo não faz bem a ninguém. Não dependemos dele para viver. E, no entanto, vicia, é caro e estes jogos são exatamente assim... Algumas crianças não conseguem ficar longe deles."

Vamos examinar essas colocações e ver o que se sabe sobre cada uma delas. Os *videogames* viciam? J. David Brooks entrevistou 973 jovens nos fliperamas da Califórnia do Sul. Embora ele tenha encontrado alguns que se sentiam compelidos a jogar, eles eram minoria. De fato, cerca da metade dos garotos jogavam menos da metade do tempo em que ficavam no fliperama. O resto do tempo eles dedicavam a contatos sociais. Os fliperamas, tal como a sorveteria de antigamente, propiciavam um local de encontro, muito mais do que um local de jogo compulsivo.(1) Em termos de administração e ambiente físico, entretanto, alguns fliperamas, ao contrário das sorveterias antigas, não são lugares saudáveis para os jovens se encontrarem. Deveríamos nos preocupar com a regularização deste aspecto dos fliperamas em nossas comunidades.

No norte da Califórnia, Edna Mitchell pediu a vinte famílias que escrevessem diários por uma semana a cada mês, durante cinco meses após comprarem um *videogame*. Se os jogos viciassem (o que quer que isso signifique), isso refletiria nas longas horas passadas jogando, particularmente porque os jogos poderiam ser realizados em casa, sem se gastar dinheiro. Entretanto, Mitchell descobriu que os jogos eram usados, em média, durante 42 minutos por dia, por *família* — e muitas famílias tinham mais de um filho e, também, pais que jogavam.(2) Este dificilmente é um padrão viciador, especialmente comparado ao tempo que se passa vendo televisão. De acordo com estimativas ainda mais conservadoras, os pré-escolares dos Estados Unidos gastam duas horas e meia por dia assistindo à televisão.(3).

Em segundo lugar, os *videogames* são caros? Oitenta por cento dos garotos entrevistados por Brooks gastavam cinco dólares ou menos por semana, o preço de uma entrada de cinema. Somente 7% gastavam o dinheiro do lanche. De fato, por serem melhores jogadoras, as crianças colocam menos dinheiro nas máquinas do que os adultos. No mundo dos fliperamas, a habilidade é recompensada com o tempo de jogo, e um bom jogador consegue jogar durante uma hora e meia com um quarto de dólar.

Finalmente, os jogos "não fazem bem a ninguém"? Para responder a esta pergunta precisamos determinar que habilidades são exigidas para os jogos e, conseqüentemente, devem ser desenvolvidas pelos jogadores. Não me limitarei aqui aos jogos dos fliperamas, mas discutirei também outros tipos de jogos para os computadores pessoais, bem como jogos que venham a ser criados no futuro.

Desse modo, as evidências indicam que os *videogames* são, em termos de tempo gasto, muito menos "viciáveis" do que a televisão. Tampouco são, em comparação com outros divertimentos, demasiadamente caros. Todavia, são inegavelmente atraentes e há algo nesta atração que perturba as pessoas. Antes de afirmar que os *videogames* são prejudiciais pelo fato de serem atraentes, será sensato considerar que aspectos os tornam tão atraentes.

A ATRAÇÃO DOS *VIDEOGAMES*: A CONEXÃO COM A TV

O que torna os jogos de computador capazes de competir, com tanto sucesso, com as atividades às quais as crianças se dedicavam antes de seu surgimento? Como é de conhecimento geral, a televisão tem sido nos últimos anos a atividade que mais atrai o interesse da criança. Os *videogames* foram denominados como o "casamento da televisão com o computador".(4) No nível mais óbvio, o que a televisão e o computador têm em comum é a tela de televisão, o tubo de raios catódicos. Ambos usam a tela para exibir o movimento visual. Vimos, no capítulo 3, que as crianças com experiência televisiva desenvolvem preferência pelas imagens visuais dinâmicas. E aprendemos que a ação visual é um fator importante para atrair a atenção das crianças pequenas para a tela. Os jogos preferidos de fliperama envolvem uma quantidade tremenda de ação visual e esta pode ser uma das fontes de sua atração.

Thomas Malone analisou a atração dos jogos de computador, começando com uma pesquisa sobre as preferências das crianças que se tornaram familiarizadas com uma ampla variedade de jogos nas aulas de computador de uma escola primária particular em Palo Alto, na Califórnia. As idades das crianças variavam de 5 a 13 anos, e os jogos abrangiam desde jogos de fliperama a simulações, de jogos de aventura a jogos de aprendizagem. Os elementos visuais foram importantes para a popularidade dos *videogames*: os jogos gráficos como o *Petball* (fliperama por computador) e *Snake 2* (dois jogadores controlam o movimento das cobras e sua pontaria nelas) eram mais preferidos aos jogos de palavras como Eliza (uma conversa com um psiquiatra simulado) e Gold (uma história para preencher sobre Cachinhos Dourados).* O fato de que os três jogos menos preferidos — Stars, Snoopy e Draw — não têm nenhuma animação, ou muito menos animação do que os jogos mais requisitados (5) indica que há grande atração pelas imagens visuais *dinâmicas*.

Uma vez que o dinamismo visual é importante para a popularidade dos *videogames*, talvez então as habilidades visuais desenvolvidas pelo ato de assistir à televisão (documentadas nos capítulos 2 e 3) sejam a razão pela qual as crianças da geração da TV mostram muito mais talento para os jogos. Como discutimos no capítulo 6, as crianças também captam e usam mais informações sobre a ação vendo-a na televisão do que ouvindo sua descrição (como no rádio) ou descrições verbais combinadas com imagens estáticas (como nos livros ilustrados). As crianças que assistem muito à televisão ganham bastante experiência para captar informações sobre a ação — mais do que as socializadas nos meios verbais da palavra escrita e do rádio. Talvez esta experiência com as imagens visuais dinâmicas da televisão conduza a habilidades que possam ser aplicadas nos jogos de vídeo. Voltarei a esta possibilidade mais adiante, quando analisarei as habilidades necessárias para se jogar diversos jogos.

Os *videogames* têm o elemento visual dinâmico da televisão, mas também são interativos. O que acontece na tela não é inteiramente determinado pelo computador; também é bastante influenciado pelas ações do jogador. Um exemplo simples é o jogo original do computador comercial, *Pong*, um pingue-pongue eletrônico. Como

---

* Personagem da história infantil *Os Três Ursinhos*. (N. da T.)

outros jogos populares de computador, *Pong* envolve imagens visuais, tal como a televisão. Mas, ao invés de simplesmente assistir a uma partida animada de pingue-pongue, como se assistiria aos jogos de Wimbledon pela televisão, o jogador joga de verdade a partida, e assim participa da criação do que é mostrado na tela do vídeo.

É possível que, antes do advento dos *videogames*, a geração criada na era do cinema e da televisão se encontrasse num dilema: o meio mais ativo de expressão, a escrita, não possuía a qualidade do dinamismo visual. A televisão tinha dinamismo, mas impedia a participação do espectador. Os *videogames* são o primeiro meio que combina dinamismo visual com uma participação ativa por parte da criança.

Que provas existem de que o desejo de interação (em contraste com a mera observação) é, em grande parte, o que torna os jogos de computador atraente? Desconheço qualquer pesquisa sistemática sobre esse assunto, mas foram realizados estudos em locais onde existem tanto coisas para observar quanto para interagir, tais como museus de ciências, excursões, zoológicos e aquários. Esses estudos mostram um padrão previsível: as crianças são atraídas por ativi-dades nas quais possam se envolver. No zoológico, por exemplo, elas preferem pombos e esquilos, com os quais podem interagir, aos animais mais exóticos isolados atrás de grades.(6)

Para determinar se esses resultados aplicavam-se aos *videogames* e se os jogos estavam substituindo o meio unidirecional da televi-são, perguntei a quatro crianças, entre as idades de 8 a 14 anos, o que costumavam fazer antes com o tempo que agora passam brin-cando com os *videogames*. Na resposta, três delas mencionaram a televisão. Duas destas três mencionaram apenas televisão, a terceira também citou uma série de outras atividades, inclusive brincadeiras com os amigos. As informações desta minha pequena amostragem foram confirmadas pelo amplo estudo de Mitchell com famílias que possuíam *videogames*; as crianças em sua amostragem também pas-saram a assistir menos à televisão, após terem comprado os vídeos.

Também perguntei aos meus quatro entrevistados de qual eles gostavam mais, a TV ou os *videogames* e por quê. Foram unânimes em afirmar que preferiam os jogos à televisão. Sua razão também foi unânime: controle ativo. O significado do controle era muito concreto e muito consciente ao mesmo tempo. Uma menina de 9 anos de idade disse: "Na TV, se a gente quer matar alguém não pode. No Pac-Man,* se a gente quiser esbarrar num fantasma,

---

* Jogo que no Brasil também leva o nome de "Corre-Corre". (N. da T.)

pode." Outra menina, da mesma idade, disse: "Na TV a gente não pode dizer 'atira agora' ou, com o Popeye, 'coma o espinafre agora'." Acrescentou que ela ficava frustrada algumas vezes quando assistia ao Popeye e queria que ele comesse o espinafre em situações em que ele não comia.

OUTROS MOTIVOS PARA A ATRAÇÃO DOS *VIDEOGAMES*

Uma das crianças que entrevistei mencionou que brincava mais com os amigos antes de ter *videogames* em casa. Se estes estão, de fato, substituindo os jogos mais tradicionais, além da televisão, então surge a pergunta: quais os elementos que tornam os jogos de computador mais atraentes do que quaisquer outros tipos? Talvez a comparação mais óbvia e importante esteja entre os jogos de computador e outros que os antecederam, jogos de tabuleiro, como damas e monopólio, cartas etc. (Embora atualmente estes jogos existam sob forma computadorizada, eles não foram desenvolvidos, obviamente, para aquele veículo.)

Malone descobriu que a presença de um objetivo era o único fator mais importante na determinação da preferência pelos jogos. Esta é uma qualidade que os jogos de flíper partilham com todos os jogos tradicionais. Descobriu que outras qualidades que aumentam a aceitação dos jogos de computador são a contagem automática de pontos, efeitos sonoros, o acaso (a operação da causalidade) e a importância da velocidade. Duas destas qualidades, o acaso (como nos jogos controlados por dados) e a velocidade (como na paciência) fazem parte de alguns jogos convencionais. Outras, como a contagem automática de pontos e os efeitos sonoros, são essencialmente impossíveis sem a eletrônica.

O PROBLEMA DA VIOLÊNCIA

Se as imagens visuais dinâmicas, os efeitos sonoros e a contagem automática de pontos são características que explicam a grande aceitação dos *videogames*, por que os pais estão tão preocupados? Todas estas características parecem bastante inofensivas. Mas outra fonte de preocupação é que os jogos existentes nos fliperamas têm, quase sem exceção, temas de agressão física. Daniel Anderson assinala as correlações com outros meios de comunicação: "Os *videogames* têm conteúdo violento; a TV tem conteúdo violento; as histórias em quadrinhos têm conteúdo violento; os filmes tinham (têm) conteúdo violento. Há muito se crê que o conteúdo violento possa ensinar um comportamento violento. E, no entanto, novamente nossa sociedade descobre um novo meio onde exibe-se tal conteúdo e mais uma vez a demanda é insaciável." (7) Existem provas de que os *videogames* violentos provocam um comportamento violento, assim como fazem os programas de televisão: tanto os *Invasores Espaciais* quanto o *Papaléguas* aumentaram a quantidade de brincadeiras agressivas (e diminuíram as brincadeiras cooperativas) em crianças de 5 anos, segundo um estudo; curiosamente, fizeram isso na mesma proporção.(8)

Entretanto, os efeitos da violência do vídeo não são menos simples quanto aparentam de início. O mesmo grupo de pesquisadores que comprovou os efeitos negativos do *Papaléguas* e dos *Invasores Espaciais* constatou mais recentemente que *videogames* agressivos jogados em duplas, que exigem tanto a cooperação quanto a competição entre os jogadores, reduzem o nível de agressão nas brincadeiras infantis. (Nesse estudo, tanto os jogos competitivos quanto os cooperativos eram violentos. É de se notar que a utilização de jogos cooperativos mas violentos não diminuiu nem aumentou o comportamento cooperativo subseqüente.) (9)

É provável que o aspecto mais prejudicial dos *videogames* violentos seja quando os jogos são para um único jogador. Um jogo em duplas com conteúdo agressivo (o do vídeo-boxe, neste estudo) parece propiciar um efeito catártico ou aliviador para a agressão, enquanto que um jogo agressivo individual (como os *Invasores Espaciais*) pode estimular mais agressão. Talvez se descubra que os efeitos da televisão para estimular a agressão provenham, em parte, do fato de que assistir à televisão envolve, geralmente, pouca interação social.

Com ou sem interação social, o conteúdo violento certamente não é uma característica necessária aos *videogames*. Não parece nem mesmo ser necessário à popularidade deles. O jogo preferido na pesquisa de Malone foi *Petball*, uma versão do *Flíper*, um jogo que não tem absolutamente nenhuma agressão aparente. (O *Flíper* tem, no entanto, todas as qualidades que distinguem os jogos de computador dos jogos convencionais.) Igualmente, *Breakaut*, que foi apontado em terceiro lugar entre os preferidos, tem um tema de agressão relativamente moderada (bolas que derrubam um muro de tijolos); sua preferência superou muitos jogos violentos como o *Mission*, que bombardeia submarinos, e *Guerra nas Estrelas*, que consiste em se atirar no navio de Darth Vader.

Essas classificações indicam que a preferência pelos jogos de computador não depende da violência, mas de outros aspectos que podem ser usados tanto com temas violentos quanto não-violentos. Ironicamente, a mesma mensagem surgiu em recente pesquisa sobre a televisão: a ação e não a violência em si é o que atrai as crianças para a tela.(10) Segue-se que os programas podem apresentar muitas formas de ação, que não a violenta, sem deixarem de ser apreciados. Poderíamos fazer uma recomendação clara para os fabricantes de *videogames:* eles deveriam abandonar a violência devido a suas conseqüências sociais indesejáveis; e poderiam usar outros temas de ação, sem sacrificar a aceitação dos jogos de vídeo.

De fato, algumas crianças não se interessam pelos fliperamas, *devido* aos temas agressivos. Malone analisou a atração de *Darts*, jogo destinado a ensinar frações aos alunos da escola primária. O lado esquerdo da figura 4 mostra o *display* básico da tela. A criança deve tentar adivinhar a posição dos balões, datilografando um número misto (número inteiro mais fração), especificando a posição de cada balão na reta. Se a resposta estiver certa, um dardo atravessa a tela e estoura o balão. Se estiver errada, o dardo atravessa a tela até a reta numerada e permanece aí como *feedback* permanente do erro. Desse modo, o jogo tem um tema de fantasia, de agressão moderada. Malone criou diversas versões deste jogo, cada uma delas sem pelo menos uma das características do original. Duas destas versões são mostradas no centro e à direita da figura 4. Ao se acrescentar fantasia agressiva (lado direito da ilustração) a uma versão sem tema (centro da ilustração), o jogo tornou-se mais procurado pelos meninos, mas sua aceitação diminuiu entre as meninas. Em resumo, a fantasia agressiva atraiu a atenção dos meninos, mas desinteressou as meninas.

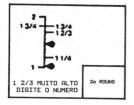 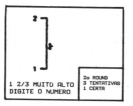 

Figura 4. Displays de três modalidades do jogo. O jogo original está na figura à esquerda. A versão na direita difere da do meio ao incluir um elemento de fantasia agressiva. (Adaptado de Malone, *Toward e Theory of Intrinsically Motivating Instruction.*)

Essa diferença de sexo tem importantes implicações sociais. Entre as crianças que cercam as máquinas de jogos, o número de meninos supera o de meninas. Este pode ser um problema sério, pois parece que os jogos são a porta de entrada ao mundo dos computadores para muitas crianças. Se o interesse infantil pelos computadores começa com os jogos, então o fato de que a maioria dos jogos comuns de computador envolva temas agressivos e violentos pode ter como efeito a falta de interesse de muitas meninas pelos computadores em geral. Isso seria lamentável em um campo que ainda está em rápido crescimento e, portanto, poderia ser bastante promissor para as mulheres. Há necessidade urgente de se produzir *videogames* que atinjam a fantasia das meninas, tanto quanto dos meninos. (Parece realmente haver uma tendência neste sentido nos fliperamas que introduziram jogos menos violentos como o *Donkey Kong*, pelos quais as meninas têm preferência.) (11)

Não há nada intrínseco aos *videogames* que exija a presença de um tema, mais do que outro. As mesmas características formais podem ser reunidas em uma miríade de temas. Por exemplo, como Tom Malone me mostrou, o jogo agressivo de *Invasores Espaciais* é semelhante ao de *Breakout*, que é basicamente não-violento. O *Children's Computer Workshop* (Oficina do Computador Infantil), uma divisão da *Children's Television Workshop* (Oficina de Televisão Infantil), está criando programa educativo com jogos de ação e temas não-violentos. Um dos jogos desenvolvidos é *Táxi*, um jogo onde o objetivo é levar um passageiro pela cidade o mais rápida e eficientemente possível, contornando os obstáculos do caminho. *Táxi* traz a ação e a emoção da velocidade, que despertam interesse em um jogo de fliperama, sem o conteúdo violento.

Outro ponto importante sobre esse e outros jogos desenvolvidos pelo *Workshop* é que além de serem não-violentos, podem ser jogados em duplas, devendo haver cooperação entre os participantes. Leona Schauble, diretora do *Children's Computer Workshop*, relata que, nos testes feitos com *Táxi*, as crianças tornaram-se cada vez mais colaboradoras, à medida que ganhavam mais experiência com o jogo e sentiam que a cooperação era recompensadora. Como a televisão, o meio dos *videogames* é, em si, neutro com respeito aos valores sociais. Entretanto, a escolha de tipo de jogo pode ter influência importante no comportamento infantil.

AS HABILIDADES DOS *VIDEOGAMES*

Outra preocupação sobre os *videogames* é que são simplesmente jogos sensorimotores de coordenação viso-motora e que, portanto, não desenvolvem o raciocínio. Discordo dessa proposição em dois pontos. Primeiro, habilidades sensorimotoras com a coordenação viso-motora são importantes em si. São úteis em muitas ocupações, bem como na vida diária e de acordo com a teoria de Piaget são a base para estágios posteriores do desenvolvimento cognitivo.

Segundo, constatou-se que os jogos requerem muito mais do que coordenação viso-motora. De fato, não apenas são complexos, como também incorporam tipos de complexidade impossíveis nos jogos convencionais. Estou convencida de que muitos dos que criticam os jogos não seriam capazes de jogá-los e que suas dificuldades não se restringiriam apenas à coordenação viso-motora. Deixe-me ilustrar com o jogo de *Pac-Man*.

Pac-Man. Quando joguei *Pac-Man* pela primeira vez já havia observado o jogo várias vezes e presumi que seria capaz de jogá-lo, mesmo que não tivesse muita habilidade para isso. Mas quando comecei, descobri que não conseguia nem distinguir o *Pac-Man*, a quem deveria controlar, das outras bolinhas na tela! Uma menininha de cerca de 5 anos teve de me explicar o jogo.

Ao jogar novamente, cheguei à conclusão de que tivera tanta dificuldade em descobrir o *Pac-Man*, naquela primeira tentativa, porque na primeira vez em que ele aparecia naquela confusão de bolinhas e pontos, ele não tinha uma forma definida; era simplesmente um círculo amarelo. Acho que, sendo uma pessoa socializada no mundo de informação visual estática, supus inconscientemente que o *Pac-Man* não mudaria sua forma visual. Minha hipótese é que as crianças socializadas com a televisão e o cinema estão mais acostumadas a lidar com mudanças visuais dinâmicas e menos propensas a fazer uma suposição tão limitada.

Após tentar jogar outra vez, achei ter aprendido os fundamentos. Na verdade, não obtinha muitos pontos, mas pensei que isso acontecia porque meus reflexos não eram tão rápidos e não possuía prática sensório-motora. Alguns meses mais tarde, comprei *The Video Master's Guide to Pac-Man* (Guia Completo do Pac-Man) com a esperança de descobrir algo sobre a psicologia dos *videogames*. Fiquei surpresa ao constatar que não havia percebido os aspectos mais óbvios do jogo. *Pac-Man* é muito mais complexo do que imaginara. E mais, a maioria das complexidades são de um tipo que não pode ser incorporado a outros jogos convencionais como damas, xadrez ou monopólio. Na verdade, *Pac-Man* é um jogo de ação e, portanto, requer um pouco de coordenação viso-motora, mas isso é só o começo do jogo, não o fim.

Estou convencida de que aqueles que criticam os *videogames* não entendem o que estes envolvem. Para minha tristeza, verifiquei que não se pode aprender um jogo como *Pac-Man* observando alguém jogar por alguns minutos. Descreverei *Pac-Man* em detalhes, a fim de analisar os processos cognitivos e de aprendizagem pelos quais se deve passar para se tornar um jogador habilidoso.

Quando o jogador insere uma ficha na máquina de *Pac-Man*, um labirinto cheio de pontos brancos aparece na tela (veja figura 5). No centro da metade inferior da tela aparece o *Pac-Man*, um círculo amarelo. O jogador usa o controle para guiar o *Pac-Man* (agora com a forma de boca em perfil) através do labirinto. À medida que ele encontra cada ponto, ele o "come" e este desaparece; o objetivo é desobstruir o labirinto de pontos, fazendo o *Pac-Man* comê-los todos.

Até agora, o jogo parece bem simples e pode ser jogado com base nessa descrição básica. Provavelmente é o mesmo nível que joguei da primeira vez. Como em todos os jogos, entretanto, existem obstáculos. Em *Pac-Man*, estes não são barreiras físicas, mas quatro monstros ou fantasmas, que caçam o *Pac-Man* pelo labirinto e comem-no quando conseguem pegá-lo. Cada monstro tem seu comportamento característico. Por exemplo, o monstro vermelho, o Sombra, é o mais agressivo. O rosa, o Rapidinho, o monstro mais veloz, geralmente não persegue o *Pac-Man* durante muito tempo em cada tentativa mas, geralmente, vai atrás dele muitas vezes. O terceiro monstro, o Pequenino, não cruzará nenhum dos energizadores. (Estes são quatro grandes pontos que piscam. Cada vez que o *Pac-Man* come um energizador, ele ganha cinqüenta pontos e durante alguns segundos torna-se mais poderoso que os monstros, e assim pode caçá-los e comê-los. Para cada monstro que devora, ele ganha mais ponto.) (12)

Esta situação pode se parecer um pouco com o xadrez, em que cada peça tem uma movimentação própria, permitida. Mas em *Pac-Man*, como em outros *videogames*, ninguém diz ao jogador as regras que controlam o comportamento de cada monstro; estas devem ser induzidas pela observação. Nesse sentido, *Pac-Man* é mais parecido com a vida do que com o xadrez. O jogador não só deve superar os obstáculos, mas também executar a tarefa indutiva de descobrir a natureza dos obstáculos. Os padrões de comportamento que o jogador deve descobrir estão definidos no programa do jogo, elaborado pelo computador. Rick Sinatra, um programador de computador, pode ter tido em mente este aspecto dos jogos quando observou: "Os *videogames* são revolucionários; são os primórdios da interação humana com a inteligência artificial."

Como outra fonte óbvia de complexidade, nos *videogames* do tipo fliperama, ao contrário dos jogos de tabuleiro, deve-se jogar de acordo com o tempo real. No xadrez ou damas, o jogador move as peças pelo tabuleiro, mas o movimento em si não faz parte do jogo. O tempo que ele demora para jogar não conta. No *Pac-Man*, em contrapartida, a velocidade é essencial para que o jogador tente afastar o *Pac-Man* dos monstros.

A natureza do labirinto fornece maior complexidade. O labirinto parece simples; não existem os becos sem saída e as armadilhas

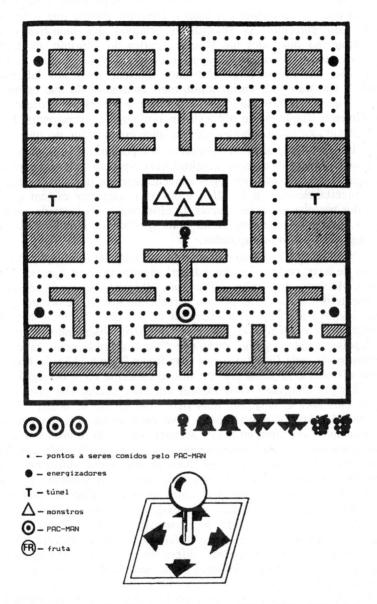

Figura 5. Layout do Pac-Man. (De *Sykora e Birkner, The Video Master's Guide to Pac-Man.*)

que aparecem nos labirintos convencionais. Entretanto, o labirinto do *Pac-Man* tem complicações de outra sorte, que não seriam possíveis sem a tecnologia de computador. As possibilidades de movimento não são uniformes por todo o labirinto, mesmo que o terreno seja todo parecido. As velocidades relativas dos monstros e do *Pac-Man* são diferentes nas diversas partes do labirinto, de forma que os monstros possam ultrapassar o *Pac-Man* nas partes curvas, mas não nas linhas retas. Ademais, existem áreas nos labirintos onde o *Pac-Man* pode entrar muito mais facilmente do que os monstros e que, portanto, dão mais segurança a ele. Tais restrições de movimento simplesmente não existem nos jogos convencionais. Estas complexidades estão programadas no microcomputador do jogo.

Observe que, além de ignorar o comportamento dos monstros, o jogador não conhece essas contingências espaciais antes de começar a jogar. Enquanto que nos jogos convencionais de tabuleiro as regras são preestabelecidas, o *Pac-Man* e outros *videogames* exigem que o jogador perceba as regras através da observação. Os jogos de computador, portanto, requerem muito mais habilidades indutivas do que os jogos da era pré-computador.

Sem esforço indutivo, os *videogames* parecem-se um pouco com jogos de azar, onde o jogador lida principalmente com o acaso. Meu filho, Matthew, disse sobre o *Pac-Man*: "Primeiro pensou-se ser incrivelmente difícil. Então as pessoas perceberam que o que acontecia no jogo não era ao acaso e descobriram os padrões." Matthew também confirmou a existência do processo indutivo: observando os outros e depois jogando sozinho, disse ele: "Você aprende quais as características de cada figura e o que elas fazem." Uma idéia da taxa de aprendizagem é revelada por um ditado existente entre os jogadores: "Você gasta quinze ou vinte dólares em uma jogada. Daí você pode jogar uma hora e meia com uma ficha (um quarto de dólar)." Parte da emoção dos jogos certamente deve estar nesse processo em que as jogadas, a princípio ao acaso, acabam sendo substituídas por jogadas intencionais e seqüenciais, através da indução. (Os adultos podem não aprender tão depressa; um *barman* que tinha *videogames* em seu bar estimou que, geralmente, cada cliente seu gastava cerca de cem dólares para conseguir ficar entre os cinco melhores jogadores.)

Pac-Man também ilustra outra exigência cognitiva para se jogar o *videogame* com habilidade: processamento paralelo. Como discutimos no capítulo 3, este termo refere-se a tomar informações de diversas fontes simultaneamente; difere do processamento seqüencial, em que se deve tomar a informação de uma fonte de cada vez. No *Pac-Man*, para que se consiga ser um bom jogador, é preciso localizar o *Pac-Man* e os quatro monstros no labirinto e os quatro energizadores simultaneamente. Muitos outros jogos têm muito mais fontes de informação para se lidar ao mesmo tempo.

Aqui podem ser muito úteis as habilidades e hábitos adquiridos com a televisão. Imagens pictóricas em geral tendem a promover o processamento paralelo,(13) ao passo que a mídia verbal, devido à natureza seqüencial da linguagem (lê-se ou ouve-se uma palavra por vez), tende a promover o processamento seqüencial. Na televisão, é comum acontecerem muitas coisas simultaneamente na tela. No capítulo 2, dei um exemplo de *Hill Street Blues* de como o desenvolvimento do enredo pode usar esta característica formal do meio de comunicação; o filme de Robert Altman, *Nashville*, fornece exemplo semelhante. Conseqüentemente, uma criança que tenha sido exposta principalmente ao meio da televisão, em vez da palavra escrita e do rádio, estaria mais preparada para o processamento paralelo exigido para se jogar o *videogame* adequadamente.

Pac-Man incorpora outra complexidade cognitiva que era impossível nos jogos convencionais: a interação de dois elementos produz resultados que não poderiam ser previstos por nenhum dos dois separadamente. Assim, a observação apenas do comportamento do *Pac-Man* não permite que se descubram as qualidades especiais das diferentes partes do labirinto. Nem tampouco a observação somente do comportamento dos monstros. Até mesmo o exame do labirinto em si não dá nenhuma inclinação. Somente ao se observar os monstros interagindo com o *Pac-Man* nas diferentes partes do labirinto é que é possível se detectar as qualidades dinâmicas do labirinto.

A qualidade de variáveis dinâmicas que interagem entre si caracteriza quase todos os jogos de ação de computador. De fato, existe na forma mais simples possível em *Pac-Man*. Esta simplicidade é conveniente para transmitir o conceito de variáveis interativas àqueles que não estão familiarizados com os jogos de computador, mas nem de longe indica o nível de complexidade cognitiva que os jogadores mais experientes (por exemplo, *Defender*) têm que lidar.

Tranquility Base. Deixe-me dar um exemplo de variáveis dinâmicas complexas de interação de um jogo de ação que possui um conteúdo mais educativo. O jogo, chamado *Tranquility Base* (Base Tranquilidade), é semelhante a *Moon Lander* (Alunissador), um jogo de computador encontrado em uma série de museus infantis e centros de ciência nos Estados Unidos. O objetivo do jogo é pousar uma nave espacial sem colidir com o solo. Há seis variáveis básicas envolvidas: altitude, velocidade vertical, velocidade horizontal, direção, quantidade de combustível e o terreno (o mesmo que localização horizontal). O jogador controla o impulso (aceleração) e a direção horizontal. Cada uma das variáveis interage com as outras de modos complexos. A fim de pousar a nave espacial com segurança, o jogador deve não só levar em conta as variáveis em separado, mas também a influência de umas sobre as outras. Quando tentei aprender o jogo, peguei-me querendo lidar com uma variável de cada vez. Quando isso mostrou ser impossível, tentei lidar com elas simultaneamente, mas como variáveis independentes, em vez de interagentes. Isso também não deu certo. Pelejei por mais uma hora sem conseguir fazer um único pouso bem-sucedido. Matthew, que me ensinara o jogo, a estratégia e, inclusive, os fundamentos, estava decepcionado comigo. Ele não conseguia entender por que eu estava tendo tanta dificuldade. Claramente, a estratégia de integrar as variáveis interagentes tornou-se natural para ele. Essa bem pode ser uma habilidade importante que os jogadores de *videogames* estão adquirindo pela prática.

Um trabalho experimental confirma que os jogos que exigem que o jogador induza as relações entre as múltiplas variáveis interagentes são difíceis para muitas pessoas. Aprender este tipo de jogo, além disso, desenvolve habilidades importantes como flexibilidade e uma orientação para a execução independente.(14) Essas habilidades não são exigidas nem por jogos mais simples onde as variáveis não interagem, nem por jogos em que o jogador aprende todas as regras de antemão. Esta é, creio, uma importante descoberta. Aprender a lidar com múltiplas variáveis interagentes é uma realização significativa porque o mundo não é um sistema simples mas, antes, muitos sistemas complexos de múltiplos fatores interagentes. Contudo, em que medida deve-se esperar que haja transferência das habilidades envolvidas nos *videogames* para outros domínios do conhecimento e da vida?

A questão da transferência. Tal transferência dos jogos para outros domínios não pode ser tomada como certa; está longe de ser automática. Como vimos no capítulo 6 com o exemplo da escrita, a transferência de um meio de comunicação para uma habilidade não é apenas uma questão de conhecimento básico deste meio, mas depende de como ele é usado.

A transferência de conceitos para um novo domínio geralmente parece exigir sua formulação verbal; todavia, o conhecimento adquirido pelos jogos de vídeo é mais do que provavelmente não-verbal. Vimos anteriormente que a explanação verbal é produzida pelo diálogo entre professor e aluno que, normalmente, ocorre na escola. A transferência e a generalização do conhecimento formal adquirido com os jogos de vídeo pode, conseqüentemente, depender de se levar os jogos à escola, e não necessariamente jogá-los, mas torná-los objeto de estudo e discussão. Exemplo disso será dado no capítulo 9.

Habilidades espaciais. As habilidades espaciais são outra área de habilidades cognitivas que muitos jogos de computador exigem e, portanto, devem promover, à medida que os jogadores tornam-se mais habilidosos. Michael Williams primeiro sugeriu-me esta idéia, usando o exemplo de *Star Raiders* (Os Invasores Estelares). Este jogo apresenta informação tridimensional em duas dimensões, usando convenções de perspectiva. Desse modo, a fim de jogar bem, o jogador deve ter habilidade para interpretar estas convenções. Esta habilidade é exigida por uma série de jogos populares, além de *Star Raiders*, como *Zaxxon*.

Muitos jogos de computador exigem a capacidade de coordenar informação visual proveniente de múltiplas perspectivas. Esta é uma habilidade enfatizada na descrição do desenvolvimento intelectual, feita por Piaget. Por exemplo, *Tranquility Base* envolve uma coordenação muito simples de perspectivas (veja a figura 6). Assim que

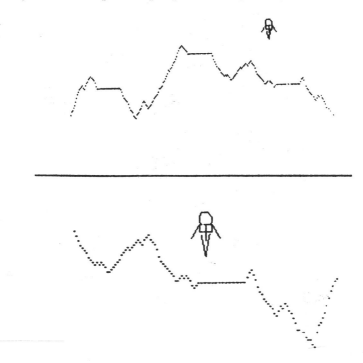

Figura 6. Duas telas de *Tranquility Base*: acima, tomada à distância; abaixo, visão em *close*.

o jogo começa, o jogador tem uma visão a distância da nave espacial e do terreno onde deve pousar (ilustração superior). À medida que a nave aproxima-se do chão, a tela mostra um *close* da parte do terreno escolhida para o pouso (ilustração inferior). É mais ou menos o que o piloto veria, à medida que o avião (ou foguete) se aproximasse da Terra.

Castle Wolfenstein (O Castelo Wolfenstein) é um jogo para computadores pessoais que envolve uma coordenação mais complexa de perspectivas. É um jogo de perseguição com um tema antinazista que ocorre em muitos labirintos. Embora estes últimos estejam em duas dimensões, a intenção é que sejam parte de uma prisão tridimensional. Os andares da prisão são ligados por escadas visíveis, cuja posição serve como pista visual para coordenar cada labirinto em um plano tridimensional. Além disso, cada andar possui mais de um labirinto. Partes de um único andar são ligadas por portas que, como as escadas, servem como pistas para integrar os labirintos individuais no esquema de um determinado andar.

Quando Matthew ensinou-me este jogo, deixei de perceber totalmente este aspecto de integração espacial. Considerei os labirintos como se fossem independentes. Ignorei completamente o fato de que os labirintos estavam ligados, na terceira dimensão, pelas escadas. Nem mesmo notei as conexões entre os labirintos no mesmo nível e não percebi que para deixar um labirinto pela mesma porta por onde entrei deveria voltar ao labirinto anterior, em vez de avançar para o seguinte. Matthew comentou: "Muitas pessoas percebem *isso*, mesmo sem prestar atenção." Aparentemente, a capacidade de integrar diferentes perspectivas espaciais tornou-se automática para ele, mas não para mim. Essa história não nos diz nada sobre o que causou a diferença, seja a maior aptidão espacial do homem, a prática em jogar desde relativamente cedo, a familiaridade com determinados tipos de jogos, o estabelecimento de habilidades visuais desenvolvidas ao se assistir à televisão, ou todos estes aspectos juntos. Mas certamente indica que são exigidas habilidades espaciais integrativas para jogar e que tais habilidades não podem ser pressupostas como existentes.

Vimos no capítulo 2 que a capacidade de coordenar informações a partir de mais de uma perspectiva visual é uma das habilidades que as crianças israelenses desenvolveram ao assistir à *Vila Sésamo*. Talvez esta habilidade, desenvolvida primeiro pela televisão, seja posteriormente útil à criança quando estiver jogando um jogo no vídeo como o *Castle Wolfenstein*.

A suspeita de que as habilidades espaço-visuais poderiam ser úteis aos *videogames* e até desenvolvidas por eles reforçou-se em minha mente quando notei que quase todas as crianças do acampamento de computador que Matthew freqüentara no verão de 1981 vieram equipadas com o cubo de Rubik.* Algumas destas crianças

---

* Comercializado no Brasil com o nome de "cubo mágico". (N. da T.)

tinham experiência com computador; outras não. Mas praticamente todas eram experientes jogadores de *videogames*. Não somente elas possuíam o cubo, como muitas crianças na época, mas a maioria conseguia resolvê-lo e algumas com espantosa rapidez. (Haviam concursos freqüentes, não para ver *se* as crianças eram capazes de fazê-lo, mas sim com que rapidez o fariam!) Parece-me que este grupo de usuários dos *videogames* tinha mais interesse pelo cubo e habilidade em seu manuseio do que as crianças sem experiência com *videogames*. Minha hipótese é a de que o cubo de Rubik e os *videogames* demandam e desenvolvem algumas das mesmas habilidades espaço-visuais.

Convenci-me do abismo entre as culturas quando descobri que não só era incapaz de resolver o cubo, mas também não conseguia entender a paciente explicação de meu filho, mesmo acompanhada de demonstração. A própria terminologia e quadro de referências não se aproximaram de nada que me fosse familiar. Era como se ele estivesse falando uma língua estrangeira. Claramente, faltava-me alguma espécie de conceitualização espacial para poder resolver o cubo. Talvez esta falta de habilidades espaciais seja um dos fatores de minha grande dificuldade com os *videogames*.

Jogos de fantasia. Nem todos os jogos de computador são jogos de ação. Outro tipo importante é o jogo de aventura. Até bem pouco tempo, não havia jogos deste tipo nos fliperamas, mas somente em programas para computadores pessoais. Os jogos de fantasia envolvem personagens complexos, com um sabor medieval, que saem juntos em aventuras, encontrando uma grande variedade de circunstâncias e obstáculos. Este tipo de jogo tem uma série de características interessantes que o distinguem dos jogos tradicionais.

Uma marca distintiva deste tipo de jogo é que existe um número maior de acontecimentos possíveis e personagens do que num jogo tradicional. Os eventos são controlados por regras, mas estas são mais abrangentes do que nos jogos tradicionais; nesse aspecto, os *videogames* parecem-se mais com a vida. Outra característica interessante é que os personagens são multidimensionais. No jogo chamado *Wizardry* (Magia), por exemplo, os personagens compõem-se de diferentes combinações de seis qualidades — força, QI, sorte, agilidade, vitalidade e compaixão — além de pertencerem a categorias unidimensionais, como as peças de xadrez. (Em vez de reis, rainhas, peões, e assim por diante, as categorias neste jogo são lutadores, padres, duentes etc.) Os personagens também têm combinações complexas e variadas de qualidades externas, notadamente armaduras, armas, ouro e encantamentos. Dessa forma, para jogarem bem, as crianças devem entender e construir a estrutura multidimensional dos personagens.

Outra característica interessante é que os personagens são criados pelo jogador. Sob determinados aspectos, as qualidades são escolhidas, ao invés de atribuídas. Dessa forma, os jogos estimulam o pensamento criativo nos jogadores. Igualmente, há mais desenvolvimento de personagens do que nos jogos convencionais. Por exemplo, os personagens ganham "pontos de experiências" à medida que passam por aventuras, e suas habilidades mudam em função desta experiência. Os personagens podem ser "salvos" no disquete do computador, de modo que este desenvolvimento pode continuar durante um período de tempo e possa-se fazer progresso contínuo. Conseqüentemente, os jogos de fantasia não são apenas mais complexos sob alguns aspectos do que os jogos convencionais, são também mais dinâmicos. O jogador é estimulado a desenvolver ou usar conceitos de desenvolvimento de personagem.

Outros exemplos de criatividade. Eric Wanner sugeriu que os *videogames* poderiam ser mais interessantes se estimulassem mais a criação, particularmente a criação que vem com a programação.(15) Embora os jogos de fliperama sejam totalmente pré-programados, os jogos de fantasia para computadores pessoais envolvem uma certa quantidade de criação. Muito mais ilimitado e criativo é um jogo como o *Pinball Construction Set* (Set de Montagem do Fliperama) (veja a figura 7), onde primeiro monta-se o caminho que as bolinhas vão percorrer, manipulando-se sua geometria, física e fios elétricos, bem como a localização dos flíperes, aparadores e assim por diante. Daí joga-se o flíper que se criou. Desse modo, são exigidas aptidões criativas e construtivas, bem como a aptidão para jogar um jogo tradicional. O computador possibilita que os *videogames* tenham este aspecto criativo e ilimitado.

Dando um passo a mais nesta direção estão os jogos que incorporam a programação em formato de jogo. Em *Robot Wars* (Guerras dos Robôs), por exemplo, o jogador primeiramente programa um robô para comportar-se de determinadas maneiras. Cada jogador cria seu próprio robô, pela programação. Este tipo de jogo parece combinar o entusiasmo de controlar e criar (quando o programa funciona) com a motivação de um jogo orientado para um objetivo.

Como assinala Wanner, é uma pena que os tipos mais imaginativos e criativos de jogos não estejam à disposição do público em geral, que pode gastar pouco, e não grandes somas em tecnologia de computador. Talvez a invasão das escolas pelos computadores tornará disponíveis esses jogos criativos, bem como facilitará o uso de computadores para experiências, em escala muito maior. Embora isso seja inevitável, até certo ponto, as escolas que atendem a classes sociais favorecidas conseguem comprar mais computadores, gerando desigualdades sociais e colocando as crianças mais pobres em posição de desvantagem nesta área, além das outras.(16)

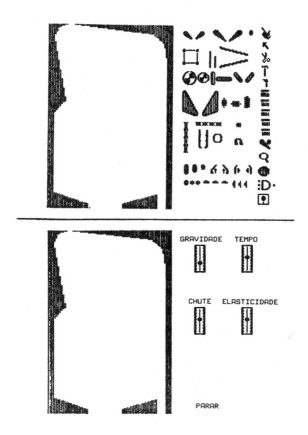

Figura 7. Duas telas do *Set* de Construção do Fliperama. Ambas contêm o caminho básico. A figura do alto mostra as diversas partes que o jogador pode usar para construir o jogo: flíperes, aparadores, alvo etc. A figura de baixo contém indicadores para ajustar as variáveis físicas do jogo: o jogador pode diminuir ou aumentar a gravidade, a velocidade da simulação, a força do chute dos aparadores e a elasticidade (resistência) das colisões entre as bolas e as superfícies do caminho.

UMA ESCALADA DE DESAFIOS

Uma das características mais gerais dos *videogames* é, acredito, sua contribuição importante para o potencial de aprendizagem. Quase todos os jogos apresentam níveis diferentes, de acordo com a habilidade do jogador. Em *Pac-Man*, depois que o jogador eliminou todos os pontos do primeiro labirinto, surge um outro na tela, com características mais difíceis. Por exemplo, em estágios posteriores do jogo, o *Pac-Man* não pode comer os monstros, mesmo depois de ter sido "energizado"; ele só pode forçá-los a recuar. Uma série de níveis poderá ter diversos efeitos. Primeiro, passar para um novo nível é um sinal real de progressos. Em segundo lugar, cada novo nível apresenta um novo desafio. E, finalmente, a existência de múltiplos níveis proporciona maior variedade ao jogo e cria curiosidade sobre como será o próximo nível.

Evidências a partir do trabalho com crianças com problemas de aprendizagem em um centro de reforço educativo enfatizam a atração dos níveis de dificuldade crescente. Um jogo chamado *Space Eggs* (Ovos do Espaço), por exemplo, possui diversos níveis. À medida que se tornavam jogadores habilidosos de *Space Eggs*, as crianças continuaram passando para um nível mais avançado e descobrindo novas propriedades. "Chegou finalmente o dia em que, entretanto, uma criança alcançou o grau em que o computador não tinha mais resposta: Tudo o que acontece é que o padrão mais complexo se repete. A reação da criança foi simples: se desinteressou por este jogo. Durante os dias seguintes, na hora do computador, ele escolhia outros jogos, raramente voltando ao *Space Eggs*." (17) Parece que longe de se tornarem preguiçosas ou procurarem jogos mais fáceis, as crianças buscavam jogos que as desafiassem.

Videogames e crianças com problemas de aprendizagem. O mesmo estudo das crianças com problemas de aprendizagem demonstrou que os jogos de fliperama eram, sob muitos aspectos, melhores recursos educacionais para as crianças com problemas de aprendizagem do que jogos "educativos" ou a educação em geral. Crianças que não queriam participar das aulas de leitura, mostravam-se interessadas pelas aulas de computador. Algumas crianças que se recusavam a concentrar-se nas tarefas de aprendizado convencional, mantinham-se atentas nos jogos do tipo fliperama, mostrando persistência e fazendo progressos a cada tentativa. As crianças também começaram a agir como monitores de seus colegas e de adultos. Perguntavam uns aos outros como poderiam iniciar um jogo ou como jogar, e os jogadores peritos treinavam os iniciantes nas estratégias mais avançadas do jogo. Este é um caso em que a tecnologia do computador eliminou obstáculos que impedem o progresso em outras áreas da educação.

Níveis múltiplos e vício. De acordo com o estudo de Malone, a existência de níveis múltiplos não afeta a aceitação de determinados jogos. Mas como mostra a história do *Space Eggs*, esta característica pode bem afetar o *tempo* em que as crianças mantêm o interesse e preferência pelo jogo, bem como o quanto se aprende com ele.

A existência de níveis múltiplos também pode ser responsável pelas propriedades viciadoras dos jogos, das quais a mãe de Glendale se queixou no início do capítulo. Um jogador de *videogame* faz progressos visíveis, à medida que consegue mais pontos e passa para o nível seguinte. Todavia, sempre há um outro nível a dominar. O desafio de condições sempre novas de jogo, acrescidas ao sentimento de controle que as crianças dizem que o computador lhes propicia, cria um atrativo duradouro. Como assinadou Malone, as situações de aprendizagem, além daquelas propiciadas pelos jogos de computador, deveriam incorporar essas poderosas características motivacionais. Talvez a lição mais valiosa que podemos aprender não seja como tornar os jogos menos viciadores, mas sîm como tornar outras experiências de aprendizagem, particularmente a escola, mais atraentes.

JOGOS DO FUTURO

As características motivadoras dos *videogames* estão começando a ter um emprego educacional mais explícito. Por exemplo, *Rocky's Boots* (As Botas do Rocky), jogo destinado a computadores pessoais, usa um tipo de jogo que visa ensinar a lógica do circuito de um computador. Pesquisas anteriores descobriram que os jogadores são absorvidos pelo jogo e aprendem com ele. Em *Green Globs* (Bolhas Verdes), o jogador escreve equações para acertar bolhas colocadas ao acaso sobre uma curva, fazendo progressos em geometria analítica ao passar de um nível a outro.(18)

James Levin e Yaakov Kareev sugeriram algumas possibilidades imaginativas para futuros jogos. Um *videogame* sempre cria seu próprio micromundo e os projetistas de jogos poderiam estruturar esses mundos de modo que refletissem o conhecimento que desejam que os jogadores adquiram. Por exemplo, eles podem programar uma "aventura química" para ensinar a tabela periódica dos elementos:

Suponha que no mundo do *videogame* personificássemos elementos como pessoas com características análogas a seus homônimos. Então teríamos os musculosos Crômio, Manganês e Ferro, os atraentes Cloro, Flúor e Iôdo, os casanovas Lítio, Sódio e Potássio, os super-ricos Platina, Ouro, Prata e Cobre. O objetivo do jogo poderia ser salvar a Prata que está sendo mantida como refém pelo sedutor Cloro (o composto cloreto de prata, usado no papel fotográfico)... o jogador poderia usar um pó mágico (elétrons livres) para jogar sobre a Prata e reduzir sua atração pelo Cloro, a fim de que pudesse ser libertada... durante o caminho o jogador teria de fugir dos perigosos Arsênico e Plutônio, distraindo Arsênico com o Gálio, ou usando o Chumbo como proteção contra os raios de Plutônio... Este roteiro de uma aventura química aponta os caminhos que um programa de jogo de computador poderia traçar, seguindo os mesmos aspectos que tornam as aventuras existentes divertidas, ensinando, todavia, um domínio do conhecimento abstrato." (19)

Os *videogames* são um meio novo, e seu estudo científico está só começando. A maior parte de minha discussão sobre as habilidades envolvidas nos jogos baseou-se em análises dos próprios jogos mais algumas observações de casos individuais. Tais análises propiciam apenas o ponto de partida para a pesquisa sistemática do futuro. O que é mais importante, embora este tipo de análise dê indicações importantes sobre quais as habilidades envolvidas nos jogos de vídeo, é que ela não determina em que medida essas habilidades são transferidas a situações fora do próprio jogo. Exatamente como acontece com outros meios de comunicação, os jogos podem ser usados em contexto didático, com orientação e discussão por parte dos professores, de forma que as habilidades importantes sejam transferidas para outras situações. Não devemos nos esquecer, contudo, que o conhecimento e a habilidade podem ter valor em si mesmos se não forem transferíveis a novas situações.

Ao pensar sobre os *videogames*, não devemos nos lembrar apenas dos jogos espaciais do tipo em que se deve acertar nos alvos, que predominam nos fliperamas. Existe, e pode existir, uma ampla variedade de tipos de jogos que utilizam a associação do computador com a televisão. Por ser programável, o computador é um meio altamente flexível, e suas possibilidades são infinitas.

Como acontece com qualquer meio, o dos *videogames* tem seu próprio padrão de pontos fortes e fracos. Pode incluir mais variação do que a maioria, entretanto. Por exemplo, os jogos de ação em tempo real podem promover as habilidades de processamento paralelo e a rapidez de reação, mas podem desencorajar a reflexão. (Se você parar para pensar enquanto joga os *Invasores Espaciais*, você está perdido.) Em contrapartida, os jogos do tipo verbal (por exemplo, alguns dos jogos de aventura) utilizam o processamento seqüencial e permitem tempo ilimitado para reflexão e planejamento. O perigo real pode estar na própria variedade, complexidade e atração do mundo dos *videogames*, que respondem diretamente às necessidades da criança. Como Karen Sheingold refletiu, o controle pleno sobre os mundos de fantasia dos *videogames* pode gerar impaciência com o mundo barulhento e incontrolável da vida real. Esse possível perigo deve, entretanto, ser comparado com os efeitos positivos na realização e controle das crianças que, por quaisquer motivos, não possuem um senso de competência e controle em outros domínios da vida.

8. COMPUTADORES

O circuto de computador que, nos anos 60, teria custado centenas de milhares de dólares e ocupado espaços enormes, pode agora ser fabricado por menos de um dólar e foi miniaturizado. Em decorrência de tais mudanças, tem havido um aumento sensível na oferta de pequenos computadores para o público em geral. As crianças parecem particularmente fascinadas por esta tecnologia. Os *videogames* tornaram-se uma atividade de massa (e muito controvertida). Mesmo numa época de orçamentos limitados, as escolas vêm comprando computadores; mais da metade de todas as escolas nos Estados Unidos agora possuem computadores.(1) Os acampamentos de computador surgiram por todo o país e muitas crianças (18% na Califórnia, de acordo com estimativa do Departamento de Educação da Califórnia) (2) têm computadores em casa — não apenas máquinas de jogos, mas verdadeiros computadores programáveis. Desse modo, os computadores tornaram-se um meio de comunicação importante na vida das crianças.

A CONEXÃO COM A TELEVISÃO

Como acontece com os *videogames*, um dos motivos da atração dos computadores sobre as crianças pode ser sua experiência com a televisão. A ligação entre televisão e computador parece ser percebida pelas próprias crianças. Em uma série de entrevistas, feitas para um filme sobre computadores e crianças, uma delas disse: "É igual a aprender e assistir à televisão ao mesmo tempo." Outras mencionaram diferenças entre a televisão e o computador que se assemelham bastante às diferenças entre a televisão e os *videogames* que mecionamos no capítulo anterior. Por exemplo, um menino afirmou: "A TV faz o que ela quer. O computador faz o que a gente quer." Outro comentário infantil foi semelhante: "É legal porque você pode controlar o computador. A TV se controla sozinha." A televisão foi acusada de diminuir a imaginação; um menino via os computadores como sendo diferentes sob este aspecto: "Com a TV a gente não tem que falar, nem imaginar nada na cabeça." (3)

As crianças foram unânimes em afirmar sua preferência pelos computadores em relação à televisão, exatamente como as crianças que entrevistei que preferiam os *videogames* à TV. (As crianças entrevistadas no filme usavam computadores para jogar, bem como outras aplicações em classe.)

Percebi o inter-relacionamento psicológico entre televisão e computador pela primeira vez em casa. Quando compramos nosso computador pessoal, o número de horas que meu filho passava vendo televisão diminuiu consideravelmente. Um estudo de caso, feito por Yaakov Kareev, de duas outras crianças, confirmou minha observação.(4) Uma interpretação possível seria que as crianças adoram o dinamismo visual da televisão, mas preferem uma participação ativa e não passiva. Basicamente estou utilizando o mesmo argumento empregado no capítulo anterior, sobre os *videogames*, aos computadores em geral.

Dean Brown, pioneiro no desenvolvimento da tecnologia para computadores, denominou o computador como a mais espantosa invenção devido à sua combinação excepcional de características: ele é (1) dinâmico, (2) interativo e (3) programável.(5) Ao contrário da palavra escrita, o rádio tem dinamismo auditivo; pode apresentar o som em tempo real, com todas suas qualidades dinâmicas. A televisão e o cinema acrescentam a qualidade do dinamismo visual. Entretanto, não são nem interativos nem programáveis. O computador baseia-se no dinamismo da televisão, mas reúne estas duas qualidades.

A qualidade interativa do computador pode ser ilustrada de modo bem simples com os *videogames*: o jogador influencia o que acontece na tela e os desenvolve nela; por sua vez, limita as possibilidades da jogada seguinte. Dessa forma, o controle e a influência sobre o jogo tomam duas direções: a do jogador e a do computador. O mesmo aplica-se ao ensino dirigido pelo computador, onde, no nível mais simples, o computador coloca um problema, o aluno responde, e o computador dá *feedback* específico àquela resposta. Num programa de aprendizagem ligeiramente mais complexo, a resposta do aluno pode influenciar a escolha do problema seguinte. Como nos *videogames*, o computador é bidirecional.

A terceira qualidade dos computadores, a programabilidade, surge principalmente com a atividade complexa de programação. Novamente, a atração por parte das crianças pode provir de sua experiência televisiva. Herbert Kohl comenta sobre o que as crianças escolhem para programar: "Descobri que a capacidade de compor música, desenvolver imagens visuais, animar figuras e controlar os efeitos de cor são os aspectos mais importantes da programação para os jovens. Desse modo, eles podem inverter o processo que ocorre com a televisão. Ao invés de receber passivamente os programas alheios, eles mesmos fazem os seus." (6)

Três empregos importantes da tecnologia do computador para crianças são o *software* de aprendizagem, o processamento de palavras e a programação. Todos os três tiram vantagem da qualidade interativa do computador. Entretanto, diferem na quantidade de controle que concedem ao usuário infantil. Com o *software* de aprendizagem, o computador, embora atenda à criança, está definitivamente no comando: o computador programa a criança (embora o grau em que isso ocorre varie de programa para programa). No processamento de palavras, o programa fornece um equipamento,(7) e a criança cria o material — o texto — sobre o qual o equipamento funciona e decide como usá-lo para moldar o material. Na programação, a criança diz ao computador o que fazer, usando uma linguagem especial que o computador consegue entender.

"SOFTWARE" DE APRENDIZAGEM

Ensino dirigido pelo computador. Embora a linha que separa os *videogames* e o *software* de aprendizagem tenha se tornado cada vez mais difusa com o tempo, os programas originais de aprendizagem eram programas de exercícios desenvolvidos sob a rubrica de CAI — Computer-Assisted Instruction (Ensino Dirigido pelo Computador). Estes programas, desenvolvidos antes da atual tecnologia, com seus gráficos dinâmicos, são, em essência, programas de pergunta e resposta onde o computador coloca um problema, dá ao estudante oportunidade para responder e, depois, diz se a resposta está correta. Estes programas em geral funcionam como suplementos ao ensino tradicional, em Matemática ou Línguas, por exemplo.(8)

A principal limitação desses programas é que são mais apropriados para praticar habilidades que já estejam presentes do que para ensinar algo novo. Em conseqüência, tendem a funcionar melhor com alunos que já possuam as habilidades básicas em questão. Um estudo em que foi testada uma bateria de programas de exercícios de Matemática, Leitura e Línguas de modo sistemático em escolas primárias de Los Angeles confirma esta colocação.(9) Quando os alunos já tinham conceitos básicos, os resultados dos exercícios de Matemática eram consideravelmente melhores do que os exercícios e treinamento em leitura: alguns alunos não sabiam ler muito bem para tirar muito proveito do programa de leitura. Os exercícios do computador podiam ajudá-los a praticar leitura, mas não ensiná-los a ler. Porém, esta distinção nem sempre é válida. Os exercícios podem ser usados eficientemente para ensinar determinados tipos de conhecimento, como o vocabulário, que se prestam a testes de múltipla escolha.

O estudo de Los Angeles foi feito com um grupo de crianças economicamente desprivilegiado, e embora os programas de exercícios tenham funcionado melhor em algumas matérias do que em outras, as crianças que usaram o computador para os exercícios foram melhor em alguns aspectos de todas as matérias do que as crianças da mesma escola que não usaram o computador. Isto ilustra um tema importante que retorna vezes e vezes: como a televisão, a aprendizagem pelo computador não é só eficaz em ambientes de classe média; funciona também para crianças de lares educacionalmente desprivilegiados. Da mesma forma que a mídia eletrônica antecedeu os computadores, estes parecem funcionar igualmente bem com pessoas de diversos níveis culturais. Os computadores também são instrumentos eficazes no ensino de crianças que apresentam vários problemas de aprendizagem.(10) Parece claro que os computadores podem ser eficientes no ensino de crianças que não conseguiram aprender com métodos mais antigos e tradicionais de educação.

Os programas de exercícios utilizam relativamente pouco do que é específico ao computador. Basicamente, simulam um tipo de situação. Mas têm duas vantagens diretamente atribuíveis ao computador: individualização de perguntas, dependendo do nível de habilidade do aluno e *feedback* instantâneo.

O *feedback* do computador não é apenas imediato; é também totalmente impessoal. Esta é uma vantagem do ponto de vista psicológico: não há razão para se temer o erro, pois aprende-se com ele. Como disse uma criança de sete anos: "O computador não grita." Tampouco tem preferidos. Realmente, a tecnologia computacional alivia o ônus real e psicológico do erro em todas as áreas em que é empregada, não apenas no *software* de exercício e prática. Este fato é importante, pois muitos dos padrões negativos de comportamento na escola nascem do medo de errar e do medo de fracassar.(11)

Ensinando com modelos. Outra categoria de programa de aprendizagem faz uso de capacidades ainda mais específicas do computador. Envolve a construção de modelos. Um exemplo bastante simples do uso de um modelo para ensino é o jogo chamado *Harpoon* (Arpão), projetado por James Levin, onde o objetivo é especificar a posição de um tubarão estimando pontos em duas retas numeradas, uma horizontal e outra vertical. "O programa pede aos jogadores que especifiquem a posição do tubarão à esquerda e à direita e depois sua posição acima e abaixo. Depois da primeira tentativa de estabelecer os números, um 'arpão' atravessa a tela até a posição que especificaram. Se aquele local estiver bem perto do tubarão, o arpão acerta-o e aquele afunda e desaparece. Se o arpão não acertar, aparece na tela um jato d'água para marcar o local, e os jogadores podem tentar de novo, usando o jato d'água como *feedback*." (12)

O modelo é uma representação de uma caçada ao tubarão em um modelo bidimensional do espaço oceânico. O jogo usa um modelo espacial para ensinar a habilidade de se estimar a posição e o número correspondente no mapeamento bidimensional. Numa versão mais simples do jogo, o tubarão encontra-se num espaço unidimensional e as crianças devem estimar sua posição em apenas uma reta numerada.

Levin testou o jogo com crianças de 10 anos, que acharam-no desafiante e motivador. Quanto à aprendizagem, existem resultados apenas para a versão mais simples e unidimensional do jogo. Levin relata que as crianças começaram com jogadas ao acaso e, em dez jogos, conseguiram um desempenho com elevada precisão.

O processo de aprendizagem. Talvez bem mais interessantes que este aprendizado rápido sejam os processos, tanto cognitivos quanto sociais, que ocorrem à medida que as crianças são bem-sucedidas em suas jogadas. Quanto ao aspecto cognitivo, as crianças sempre iniciam com seu próprio conceito da tarefa. Por exemplo, algumas crianças inicialmente agiram como se pensassem que a tarefa fosse fazer com que o arpão *atravessasse* o tubarão, ao invés de se sobrepor a ele. Desse modo, um modelo temático (aqui a caça ao tubarão), enquanto pode motivar e auxiliar o aprendizado, também pode interferir no principal objetivo do aprendizado (aqui avaliar a posição em retas numeradas e coordenadas). Ao mesmo tempo, este tipo de situação permite que a criança teste diferentes hipóteses sobre a natureza da tarefa, definida pelo programa do computador. O processo de teste da hipótese é, em si, um valioso tipo de aprendizado.

No aspecto social, Levin e Kareev observaram a seguinte seqüência num clube de computador: "Inicialmente, a criança trabalhava com outras crianças e também pedia livremente a ajuda dos adultos para aprender um novo programa. Em seguida, as crianças passaram a trabalhar juntas, sem a participação direta do adulto, pedindo sua ajuda somente quando ficassem presas de alguma forma. Finalmente, cada criança trabalhava com um colega ou sozinha, gradualmente tornando a tarefa mais desafiadora, se o programa o permitisse." (13)

Esta seqüência mostra como a atividade cooperativa pode beneficiar o ensino e como o computador pode promover o trabalho cooperativo. Tal cooperação parece ocorrer primordialmente quando existem menos computadores do que crianças querendo usá-los e eles devem ser partilhados.(14) Desse modo, sob determinadas condições, o estereótipo dos computadores como tecnologia essencialmente associal não se aplica.

A seqüência também ilustra o interesse pelo desafio. Em *Harpoon*, os jogadores experientes diminuiriam o tamanho do tubarão, aumentando dessa forma a dificuldade em acertá-lo. À medida que trabalhavam com tubarões progressivamente menores, desenvolveram cada vez mais sua capacidade de estimar com precisão os números. As crianças não querem continuar a trabalhar num nível que já dominam; procuram novos desafios. *Harpoon* ilustra como a atração por novos desafios pode ser usada em jogos de computador projetados para a educação, tal como acontece com os jogos de entretenimento. A capacidade de o computador acompanhar as aptidões emergentes da criança é uma de suas vantagens como recurso educacional.

Simulação em computador. O modelo simples de *Harpoon* não se destina obviamente a ensinar à criança como caçar tubarões. Outro modelo de programa, geralmente mais complexo que *Harpoon*, ensina situações da vida real ou sistemas. Este tipo de modelo é denominado simulação. *O Guia para Computadores em Educação* da Atari dá uma boa visão das possibilidades educativas da simulação em computador:

> O impacto das diferentes políticas de energia na economia, a sobrevivência de uma manada de renas, um experimento científico em laboratório, as finanças de uma pequena empresa, o estabelecimento de uma colônia espacial, o ecossistema de uma lagoa — praticamente qualquer sistema pode ser representado por fórmulas que (...) representam a maneira como todos os componentes do sistema se inter-relacionam. A simulação, portanto, permite que o aluno altere a condição de um ou mais componentes e verifique as conseqüências desta alteração no resto do sistema. Como a deposição de lixo não-processado num lago alterará a qualidade da água e afetará as formas de vida nele? Que métodos de tratamento recuperarão mais eficazmente a qualidade da água e em que período de tempo? O computador torna-se um laboratório experimental infinitamente variável para a aprendizagem exploratória.(15)

Uma das primeiras simulações elaboradas para crianças pequenas chamou-se *Lemonade Stand* (Balcão de Limonada). Nesta simulação, você se prepara para fazer limonada (sendo os ingredientes fornecidos por sua mãe). O programa dá informações relevantes sobre o consumo de limonada (como a previsão do tempo, por exemplo) e você deve decidir quanta limonada irá preparar e a que preço irá vendê-la. O computador então calcula o lucro que você teria sob estas condições. Em jogadas posteriores, sua mãe pára de lhe fornecer açúcar, e sua tomada de decisão deve levar em conta o preço flutuante do açúcar. O objetivo de *Lemonade Stand* é maximizar os lucros.

Esta simulação baseia-se em um modelo da vida real, familiar a muitas crianças, a banca de refrescos. Entretanto, deve habilitar a criança a superar seu conhecimento corriqueiro do modelo, a fim de compreender as relações entre variáveis como custo e lucro, oferta e procura. A simulação em computador permite que crianças muito pequenas para compreender as discussões abstratas de lucro, prejuízo etc., aprendam *fazendo* essas variáveis econômicas funcionarem.

É provável que este conhecimento concreto e orientado para a ação possa servir como base para o entendimento posterior dos conceitos em níveis mais abstratos. Talvez um programa como *Lemonade Stand* não só permita que a criança comece a aprender os conceitos mais cedo (não necessariamente uma vantagem) mas que mais tarde aprenda-os mais fácil e profundamente, digamos no colegial ou nas aulas de economia na faculdade, por ter tido vivência na manipulação ativa destes conceitos em uma situação concreta. Esta seqüência de aprendizagem ainda é especulativa. São necessárias pesquisas para descobrir quais os conhecimentos que as crianças de diversas idades adquirem a partir de simulações como *Lemonade Stand* e se tais conhecimentos podem auxiliar a aprendizagem posterior dos mesmos conceitos a nível abstrato.

Lemonade Stand baseia-se na experiência da criança no dia-a-dia e visa ampliá-la. As simulações também podem basear-se nas disciplinas dadas na escola e aprofundá-las. Um ótimo exemplo deste fato vem do *Gompers Secondary Center* em San Diego, nos Estados Unidos, onde uma simulação da migração da baleia cinza da Califórnia, escrita pelo Departamento de Educação de San Diego, foi utilizada em classe após a excursão anual de observação à baleia. O computador propicia um outro meio ao que já é uma experiência multimídica, combinando discussão em classe com a observação real.(16)

Qual o valor de ampliar a observação com a simulação em computador? Esta pergunta foi sistematicamente explorada em um estudo que examinava o papel da simulação em computador no ensino de Física no colegial.(17) Os experimentos foram elaborados de tal forma que podiam ser conduzidos no laboratório ou no computador. Um grupo de alunos fez as experiências no computador apenas, outro apenas no laboratório; o terceiro grupo combinou computador e laboratório, realizando cada experimento no laboratório, mas usando o computador para coletar dados para análise. O uso conjunto do computador e laboratório foi mais eficiente para o maior número de medições de resultados: este grupo foi capaz de chegar a conclusões mais eficientemente e tirou as notas mais altas no exame. O computador sozinho teve melhor resultado no ensino de como investigar as relações entre as variáveis de laboratório. (Essa é uma versão em nível mais alto do que acontece com as crianças em *Lemonade Stand*.) O grupo que só usou o laboratório não se saiu tão bem quanto os outros dois grupos em nenhuma medição de resultados. Desse modo, o computador não é exceção ao princípio, que enfatizarei no próximo capítulo, de que a abordagem multimídica a um assunto é, geralmente, a que produz melhores resultados.

O programa que "aprende". Os programas que "aprendem" são específicos ao veículo do computador e derivam diretamente de sua capacidade para serem programados. Um exemplo deste tipo de programa é um jogo chamado *Animals* (Animais), que ilustra as possibilidades de aprender jogos que colocam o jogador, mais do que o computador, no comando. O jogo é elaborado sob a forma do antigo jogo de vinte perguntas. A novidade é que o computador começa conhecendo apenas dois animais e o jogador deve ensinar-lhe os nomes e as características dos outros animais que deseja introduzir no jogo. Em essência, o jogo ensina a lógica das relações de classe, enquanto que exige que o jogador domine o conhecimento logicamente estruturado. O jogador passa, então, a conhecer o jogo feito pelo computador. *Animals* exemplifica como, ao contrário da leitura, do rádio ou da televisão, a tecnologia interativa para computadores pode propiciar à criança o papel ativo tão essencial ao processo de aprendizagem.

PROCESSAMENTO DE PALAVRAS

Este livro foi escrito através de um programa de processamento de palavras para o computador *Apple II Plus*. Sendo assim, como Seymour Papert assinalou, o processador de palavras é um uso adulto e até profissional do computador, que está à disposição das crianças.(18)

O processador de palavras constituiu-se no meu primeiro envolvimento pessoal com computadores. Fiquei impressionada com as mudanças que trouxe a meus processos de pensamento e à minha capacidade produtiva: percebi que podia escrever mais rápida e facilmente; a revisão tornara-se um prazer, em vez de uma tarefa desagradável. Tinha certeza de que os efeitos devem ser pelo menos tão sensíveis nas crianças, e assim passei a procurar pessoas que estivessem fazendo pesquisas relativas ao uso do processador pela criança. Como acontece com toda a área de crianças e computadores, não havia ainda muita pesquisa sistemática sobre o que acontece quando as crianças têm acesso ao processador de palavras. Nem todas as pessoas da área com quem conversei concordavam que os efeitos fossem sensíveis, mas descobri mais consenso nesta área sobre os efeitos positivos do que em qualquer outra que pesquisei para este livro.

No processador de palavras (também denominado editor de texto), datilografa-se em um teclado de computador, exatamente como em uma máquina de escrever. A diferença é que se vê o produto inicial na tela do vídeo, ao invés de no papel. Em virtude de o texto criado estar na memória do computador, e igualmente na tela, pode-se efetuar mudanças eletronicamente, sem nenhuma necessidade de se usar borracha para apagar ou riscar o texto. Pode-se mesmo "cortar e colar" eletronicamente o texto, alterando-se palavras, parágrafos ou páginas de uma parte do texto a outra, com apenas alguns comandos. O nível de erro é insignificante. A fim de se tirar uma cópia no papel, ativa-se a impressora ligada ao computador que imprime o texto arquivado na memória (e posteriormente transferido a um cartucho ou disquete). Digitam-se comandos eletrônicos, via computador, para definir o formato da página impressa — margens, grifos etc. Pode-se imprimir uma certa parte do texto em formato diferente, sem que se precise redatilografá-lo, simplesmente alterando os tipos de comandos. Da mesma forma, é possível revisar o texto sem redatilografá-lo, simplesmente voltando-se à versão original, gravada no cartucho ou no disco, e revisando-a eletronicamente.

Minha primeira prova concreta relativa à criança e aos processadores de palavras veio de Jan Austin, professora primária no norte da Califórnia. Deu como trabalho para seus alunos de terceira e quarta séries escrever um livro, no computador, sobre os índios americanos. Conseguiram escrever o livro, que depois distribuíram a outras pessoas. Este fato é por si só notável, pois foi o projeto de redação mais amplo que os alunos já haviam feito. Muito mais importante, foi o melhor trabalho escrito que os alunos fizeram durante o ano todo. Tinha profundidade — porque, como Austin eloqüentemente coloca, "as crianças ficaram livres dos rascunhos manuais".

Um motivo importante para o aperfeiçoamento da escrita das crianças foi sua vontade e até sua ansiedade em revisar, o que foi

115

possível devido à facilidade de se revisar eletronicamente pelo computador. As crianças revisaram o texto de seu livro inúmeras vezes. Interessaram-se também pela ortografia e pelos novos formatos de impressão. Experimentaram tantos formatos diferentes que a professora finalmente teve de insistir que parassem com isso e imprimissem o produto final. Mesmo assim, as crianças reclamaram que se ela lhes tivesse dado mais um dia, teriam produzido um livro muito melhor. E eram crianças às quais, antes do computador, tinha-se de implorar que fizessem qualquer revisão, por mínima que fosse.

O computador também estimulou a cooperação entre as crianças neste trabalho. De acordo com sua professora, o computador uniu as duas classes, que antes apresentavam tantos problemas para trabalharem em conjunto. Sempre havia três ou quatro crianças ao redor do computador, trabalhando no livro. O argumento de que os computadores promovem a cooperação já foi abordado anteriormente. Mas quando cada criança tem um computador para escrever, ela se torna tão envolvida no processo da escrita em si que este tipo de atividade cooperadora não ocorre.(19) Parece ser a necessidade de partilhar computadores que induz as crianças a trabalharem juntas.

Uma das formas pelas quais o computador pode, sob circunstâncias corretas, promover a cooperação no trabalho intelectual é através do processamento de palavras. A tela torna públicos os processos individuais de pensamento, abertos àqueles que a observarem. Transforma a escrita em um objeto físico facilmente observável, que pode ser manipulado de várias formas por outras pessoas. Desse modo, o computador torna a atividade particular de escrever em uma atividade potencialmente pública e social.

É provável que escrever em grupo, com o estímulo de pontos de vista de outras crianças, também seja necessário para que o processamento de palavras conduza rapidamente à revisão minuciosa. Pesquisadores do *Bank Street College of Education* em Nova York constataram que os alunos da oitava série que faziam uso do processador de palavras em suas composições individuais tendiam a tratar o computador como lápis e papel eletrônicos: gastavam tempo planejando sua redação com antecedência e não faziam muita revisão. No entanto, mesmo assim, as crianças faziam mais revisão espontânea do que normalmente, sem um processador de palavras. Talvez o mais importante, a longo prazo, do que a revisão espontânea, seja o fato de que quando os alunos têm acesso a um processador de palavras, o professor pode *pedir* uma revisão mais minuciosa do texto.(20)

Outro ponto interessante surgido no trabalho em *Bank Street* foi a utilidade do processador de palavras para uma criança com problemas de comportamento. Esta criança recebeu orientações sobre o processador de palavras em um curso e gostou tanto que continuou a usá-lo mesmo depois de acabado o curso. Em outros ambientes, alunos com problemas de aprendizagem melhoraram sensivelmente sua escrita, quando lhes foi dada oportunidade de escrever em um computador.(21)

Estudantes colegiais parecem se entusiasmar tanto com o processador de palavras quanto as crianças. (De fato, de acordo com *Midian Kurland*, as crianças adoram tanto o processamento de palavras que o fato de não saberem datilografar não as detêm.) Julie McGee, diretora do currículo de informática no *Lyons Township High School* em Illinois, nos Estados Unidos, relata que os alunos ficam fascinados com o processador de palavras e motivados para aprender como usá-lo.(22) Em virtude de o computador fazer com que o ato de escrever torne-se menos árduo, eles *querem* escrever. Estão mais dispostos a revisar e corrigir seus erros. McGee também descobriu ser o processador de palavras útil para trabalhos em grupo; seus alunos estão usando-o para fazer seu livro do ano. Como as crianças, os jovens gostam de ver o produto datilografado, e se mostram colaboradores para a realização do trabalho.

Tive cada uma destas reações quando escrevi com um computador, e ficaria muito surpresa se isso não ocorresse também com outros adultos. De fato, o processador de palavras tem atraído o interesse de inúmeros escritores profissionais. Em julho de 1982, o *Los Angeles Times* publicou artigo sobre um centro onde as pessas podem alugar processadores de palavras bastante potentes a uma taxa horária. O cabeçalho era: "Um Romance: Centro Aluga Processadores de Texto a Usuários Apaixonados." Um cliente, Philip Friedman, bem-sucedido roteirista, afirmou:

"Faço coisas aqui que de outro modo não faria... É bastante fácil alterar as coisas. Pode-se fazer todos os tipos de pequenas mudanças que requereriam a redatilografia de um manuscrito inteiro. A gente consegue criar um efeito bastante visual, o que é muito importante. Tudo isso coaduna-se tão bem que para se conseguir isto de outra forma seria necessário uma grande equipe de datilógrafas. Fico mais solto e assim mais disposto a experimentar coisas diferentes. Ele me permite ficar mais confiante e sentir que tudo vai dar certo." (23)

Embora não existam dados para fazer uma comparação direta, os efeitos básicos que o processador de palavras provoca parecem ser idênticos em crianças e adultos.

A maioria dos projetos com crianças, mencionados até agora, estão em meio a estudos controlados para avaliar os efeitos do processamento de palavras sobre a escrita, mas não se chegou aos resultados finais. Um destes projetos, no entanto, já obteve importantes descobertas. James Levin e seus colegas compararam duas classes de terceira e quarta séries: uma classe passou quatro meses trabalhando com um programa especial de processamento de palavras, destinado a crianças; a outra classe tinha tido apenas a experiência de redigir, o que normalmente existe na escola. No início e, novamente, no final dos quatro meses, cada classe deveria desenvolver um tema para redação (com lápis e papel, não um processador de palavras) em um tempo restrito. As amostragens escritas de "antes" e "depois" foram analisadas segundo sua extensão (número de palavras) e qualidade global (com ênfase sobre a fidelidade ao tema e organização).

Os pesquisadores comprovaram um aumento de 64% no número de palavras nas redações da classe que trabalhou com o computador; as redações da outra classe não mostraram nenhum aumento. Além de quantidade, os resultados também mostraram uma melhora na qualidade, em conseqüência do uso do computador: numa escala de qualidade de cinco pontos, a classe que usara o computador elevou seus resultados médios de 2,00 para 3,09, ao passo que a outra classe não conseguiu qualquer mudança.(24) (Não sabemos até que ponto estes resultados foram provocados pelo grande número de redações que o processador de palavras motivou as crianças a escrever, e até que ponto foram causados simplesmente pelo uso daquele. Entretanto, visto que a disponibilidade de um processador de palavras faz com que os alunos passem mais tempo escrevendo, de qualquer forma, os resultados constituem-se num efeito provocado pelo micro.)

Estes resultados, de fato, provavelmente subestimam o efeito do computador, pois baseiam-se na escrita *sem* um computador. Penso que o efeito seria mais intenso se as crianças treinadas no computador fossem testadas escrevendo no computador. A comparação usada neste estudo é mais adequada para as crianças que não usaram o computador, mas não revela o poder real do computador como recurso para se fazer redações. Tive a experiência subjetiva que reflete as conclusões deste estudo. Depois de ter escrito no meu micro durante algum tempo, eu parecia ser capaz de redigir melhor do que antes, numa máquina de escrever convencional. Mas passei a escrever muito menos fluentemente e revisar com menos facilidade na máquina de escrever do que no microprocessador. O poder de um recurso como este pode ser observado mais claramente no trabalho realizado com ele, e não no trabalho feito sem ele.

118

Levin e seus colegas também estudaram em detalhes o processo cooperativo com o microprocessador de textos. Puseram crianças para trabalhar em pares e constataram grandes benefícios nisso: "Geralmente quando uma criança tem um bloqueio ao escrever, a outra criança, trazendo um ponto de vista diferente, pode resolver o problema sugerindo uma abordagem alternativa. A primeira não só se beneficia ao ter seu problema imediato resolvido, mas aprende maneiras alternativas de pensar sobre a tarefa." (25) O trabalho em duplas também reduziu enormemente as solicitações sobre o tempo do professor. A maioria dos problemas que surgiam para um aluno era quase que imediatamente resolvida pelo outro, de forma que o professor não precisava interferir. Isso liberou-o para dedicar seu tempo ao apoio adequado às necessidades de cada aluno.

Este estudo demonstra que o computador em si e a cooperação que promove permitem ao professor individualizar o ensino, mais do que os métodos convencionais o fazem, adaptando tarefas às necessidades e habilidades de crianças diferentes. À medida que o aluno ganha maior experiência, o auxílio do professor pode ser progressivamente reduzido, proporcionando assim um sistema de "apoio dinâmico", auxílio esse que muda conforme as necessidades do aluno. O próprio computador pode também propiciar auxílio individualizado, sob a forma de redações mais ou menos estruturadas. Por exemplo, pediu-se aos iniciantes em redação que trabalhassem numa história do tipo preencha-os-espaços-em-branco; aos intermediários foram dadas histórias não-terminadas para completar e os adiantados deviam começar sozinhos. Esta individualização do ensino é um fator importante que deve ser ponderado ao considerarmos o valor do computador para a aprendizagem.

Seymour Papert, em seu livro *Mindstorms* explica porque os processadores de texto podem fazer com que as crianças se entusiasmem mais pela escrita:

"Para mim, escrever significa fazer um rascunho e melhorá-lo por um período de tempo considerável. A imagem que faço de mim como escritor inclui a expectativa de um primeiro rascunho "inaceitável" que se desenvolverá, com revisões sucessivas, em uma forma apresentável. Contudo, não seria capaz de sustentar esta imagem se fosse um estudante de terceiro grau. O ato físico de escrever seria lento e laborioso. Não teria secretária. Para a maioria das crianças, reescrever um texto é tão trabalhoso que o primeiro rascunho é a cópia final e nunca se adquire a capacidade de reler com um olho crítico. Isso altera-se substancialmente quando as crianças têm acesso a computadores capazes de manipular textos. O rascunho inicial é composto no teclado. As correções são feitas facilmente. A cópia definitiva está sempre limpa e arrumada. Vi uma criança que demonstrava total rejeição para escrever, passar a se envolver intensamente nessa tarefa, (conseguindo rápida melhoria na qualidade), poucas semanas depois de ter começado a escrever com um computador. Mudanças muito mais substanciais ocorrem quando a criança possui deficiências físicas que tornam mais difícil o ato de escrever manualmente ou até impossível." (26)

Processamento de palavras e pensamento. Muito mais especulativos que os efeitos do processador de palavras sobre a escrita são seus efeitos sobre o pensamento. Em 1969, Sylvia Scribner escreveu um ensaio provocativo sobre os efeitos cognitivos da alfabetização, onde argumentava que a alfabetização é um fator necessário para o desenvolvimento do estágio mais elevado de desenvolvimento cognitivo, descrito por Piaget, o estágio de operações formais.(27) Um dos modos pelos quais as operações formais distinguem-se do estágio anterior de operações concretas é através da capacidade de rearranjar proposições ou afirmações mentalmente. No estágio anterior, o criança pode rearranjar mentalmente objetos concretos, mas não afirmações abstratas. Para os leitores não familiarizados com a teoria de Piaget, a figura 8 mostra o mesmo problema apresentado igualmente num nível operacional concreto e num nível operacional formal.

Esta hipótese do efeito de alfabetização sobre as operações formais nos remete à idéia principal de Piaget: a de que o desenvolvimento cognitivo é produto da manipulação ativa do mundo por parte da criança. Isso é claramente possível no que diz respeito às operações concretas, onde a criança pode manipular objetos concretos. Mas como se aplicaria às aptidões abstratas que são a essência das operações formais? A resposta de Scribner foi que a escrita, um processo em que as proposições e afirmações adquirem uma forma externa, então permite que estas sejam modificadas no processo de revisão. Ela notou que jamais foram observadas operações formais em culturas não-letradas. Citou também alguns dados indicativos de que este estágio não ocorre em pessoas que não tenham instrução secundária. Todavia, a alfabetização básica e até a instrução secundária não são suficientes, pois uma proporção substancial dos estudantes universitários norte-americanos não atingiu ainda o estágio de operações formais, conforme nos mostram os resultados de testes piagetianos.

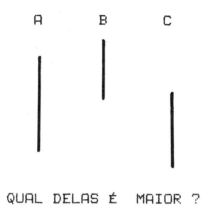

Figura 8. Um problema de seriação em dois níveis de desenvolvimento cognitivo.

Minha hipótese é que nem todos os estudantes secundários ou universitários têm experiência suficiente com a revisão, o processo de modificar o texto, para serem capazes de resolver problemas do tipo ilustrado na parte inferior da figura 8. Acredito que o processamento de palavras possa fornecer este tipo de experiências a muito mais pessoas. Conseqüentemente, podemos inferir que à medida que a escrita pelo computador se tornar mais difundida, teremos um desempenho melhor, por parte de um número maior de pessoas, num tipo de problema formal que lide com a manipulação mental de proposições abstratas.

Redigir num processador de palavras não basta, em si, para conduzir ao pensamento formal; a prática de revisão é necessária. Mesmo na oitava série, somente uma pequena minoria de crianças modifica ativamente o texto quando ensinadas a usar um microprocessador. A revisão pode ser mais freqüente com crianças mais velhas e em grupos. Assim que o equipamento para se processar palavras se tornar mais amplamente difundido, os professores poderão estimular os alunos a fazerem mais revisões. Minha hipótese sobre o efeito do processamento de palavras nas operações formais aplica-se somente quando ele é, de fato, usado para modificar textos no processo de edição ou de revisão.(28)

Exigências cognitivas para o processamento de palavras. Conforme mencionado anteriormente, os mecanismos básicos do processamento de palavras são muito fáceis para a criança. Um estudo feito com adultos esclarece quais as aptidões que a criança deve possuir para conseguir realizar o processamento: verificou-se que a capacidade de os adultos aprenderem a usar o processador de palavras está relacionada, em primeiro lugar, à sua memória espacial e, em segundo, à sua idade. Quanto melhor a memória espacial de uma pessoa (para arranjos de objetos), mais facilidade ela terá para aprender a usar o processador de palavras. Igualmente, quanto mais jovem a pessoa, mais fácil será o aprendizado.(29)

Vimos, nos capítulos anteriores, que a criança adquire aptidões espaciais assistindo à televisão. A importância da memória espacial para o processamento de palavras sugere que as aptidões adquiridas com a televisão podem facilitar o trabalho com os processadores de palavras em particular, e com os computadores em geral. Embora este fosse um estudo com adultos, o fator idade insinua que a criança pode ter uma vantagem sobre o adulto no aprendizado da tecnologia do computador, seja esta vantagem derivada de sua maior flexibilidade, seja de sua experiência com a televisão.

No processamento de palavras, o meio da palavra escrita está localizado no contexto de um novo meio, os computadores. Como a palavra escrita decresceu em importância com relação à mídia eletrônica, afirma-se que as aptidões para redação decaíram. Será interessante observar, à medida que aumenta a disponibilidade de computadores, se o microprocessador de palavras, com toda a liberdade que confere ao escritor, reverterá esta tendência.

PROGRAMAÇÃO

Algumas das considerações mais otimistas sobre o papel educacional dos computadores centram-se na programação de computadores.

Na França, um relatório oficial sobre a política governamental rotula a programação de computadores de "disciplina interseccional", comparável em importância ao domínio do idioma e da Matemática. Muitas propostas foram feitas para que a informática se tornasse uma matéria obrigatória na escola secundária, com 200 horas-aula distribuídas por 4 anos. Muitos educadores e pais deste país devem endossar tal proposta. Os motivos alegados vão além do valor pragmático das possibilidades do computador. Como já aconteceu com o aprendizado das línguas clássicas, a programação de computadores é geralmente considerada como sendo uma fonte de disciplina mental que gera conseqüências cognitivas generalizadas. Requer a descrição ordenada e precisa das ações exigidas para se atingir o objetivo desejado, pois os computadores não possuem o poder de apreensão indutiva, que permitem a imprecisão com que se realiza a comunicação humana no dia-a-dia.(30)

Como coloca Papert, ele quer ver a criança programar o computador, ao invés de o computador programar a criança. E, realmente, algumas crianças estudam a programação com entusiasmo. Reportagens antigas na imprensa popular sensacionalizaram os programadores infantis. Por exemplo, a revista *Money* publicou um artigo em 1982 sobre adolescentes que ganhavam bons ordenados como programadores e projetistas de *software* em empregos de meio período. Os adolescentes mais novos, citados no artigo, foram dois meninos de 12 anos que elaboraram um programa de arquivo de registros e montaram uma empresa para comercializá-lo.(31) Entretanto, embora muitas crianças mostrem-se capazes de aprender a programar comandos simples, as observações feitas pelo *Bank Street School* indicam que somente cerca de 25% de todos os alunos da terceira e sexta séries estão altamente interessados em aprender a programar. Os outros vinte e cinco por cento estão bastante desinteressados e aprendem muito pouco. (Estes resultados dizem respeito a uma linguagem específica de computador, a LOGO. Embora não existam pesquisas sobre isso ainda, Sherman Rosenfeld assinalou que o aspecto não-estruturado da linguagem BASIC pode ser mais fácil do que a LOGO para as crianças pequenas, cujo desenvolvimento cognitivo não as permite lidar com determinadas estruturas lógicas complexas.)

Quando as crianças fazem programação complexa, os *videogames* são seu assunto predileto.(32) Desse modo, os jogos têm uma vantagem importante, além das mencionadas no capítulo anterior: eles dão motivação para aprender programação. Além da motivação, a experiência em jogar os *videogames* forneceria conhecimento sensorimotor do que se poderia programar. Programar jogos é um primeiro passo para a conceitualização e manipulação simbólica de sistemas complexos. Em virtude de aptidões mais abstratas basearem-se na experiência prática, sensorimotora, os *videogames* podem fornecer uma base sólida para a representação simbólica de sistemas complexos, interativos e dinâmicos.

Um programa de computador é, basicamente, um conjunto sistemático de instruções para o computador. As instruções devem ser escritas em uma linguagem especial que o computador entenda. LOGO é uma destas linguagens, especialmente destinada a introduzir a criança na programação. Foi desenvolvida por Papert e seus colegas do MIT (Instituto de Tecnologia de Massachusetts). Em virtude de o computador não fazer inferências, as instruções devem ser totalmente explícitas. Como um aluno de 10 anos da *Bank Street School* afirmou sobre o computador: "Ele é burro. Eu tenho de dizer tudo para ele."

Esta qualidade tem um importante aspecto positivo também. Um efeito potencial da necessidade do computador por clareza é tornar os detalhes metodológicos, explícitos e conscientes, enquanto na vida diária eles são entendidos implicitamente. Papert dá um ótimo exemplo disso com a geometria da tartaruga, um sistema de aprendizagem de geometria pela programação do caminho visível tomado por um ser chamado tartaruga, usando a linguagem LOGO. Digamos que uma criança queira programar sua tartaruga (visível na tela do computador como um triângulo de luz) para fazer um círculo. Primeiro, pede-se à criança que "imite a tartaruga", ou seja, locomova seu corpo da forma como uma tartaruga se moveria para fazer um círculo. Isto levará a descrições do tipo: "Quando se anda em círculos, dá-se um passo à frente e vira-se um pouco. E continua-se a fazê-lo." O próximo passo é expressar esta descrição na linguagem de programação: TO CIRCLE REPEAT (FORWARD1

124

RIGHT₁).* (33) Este programa ou conjunto de instruções diz ao computador para movimentar o triângulo uma unidade adiante, uma para o lado, e continuar a repetir esta seqüência. A criança que atinge este ponto tornou-se consciente, de um modo novo, do que significa andar em círculo. Tal consciência é necessária para que a criança programe o computador, embora não seja necessária para que se programe para andar.

Um estudo meticuloso do uso da linguagem LOGO por crianças e professores indica que os passos para uma seqüência como esta não ocorrem espontaneamente. Há necessidade de um contexto instrutivo mais estruturado do que o defendido por Papert.(34) Como acontece com a palavra escrita, a exposição ao veículo em si não basta para que determinadas aptidões se desenvolvam; assim como deve ser ensinada a ler, a criança precisa de instrução para programar computadores.

O exemplo de Papert pode ser usado para ilustrar outro ponto importante. O referido programa para gerar um círculo baseia-se na Geometria Diferencial, um tipo de geometria que faz parte do Cálculo Diferencial. Ele contrasta, por exemplo, com um programa de computador baseado na Geometria euclidiana, onde o círculo é definido em termos da distância constante de todos os pontos em relação ao centro. A Geometria euclidiana é, geralmente, ensinada diversos anos antes do Cálculo Diferencial. O computador possibilita uma inversão na ordem de aprendizagem das duas geometrias. Papert acredita que a programação de computadores pode possibilitar a aquisição precoce do que foram consideradas aptidões cognitivas muito adiantadas. Embora afirmações como estas sejam provocativas e tenham gerado muito interesse, ainda há pouca evidência científica relevante.

Efeitos da programação. No mesmo estudo de classes usando LOGO constatou-se que os alunos adquiriram, em geral, o domínio da linguagem do computador com um ano de experiência com LOGO. Conheciam mais sobre os usos dos computadores, por exemplo, e entendiam que um computador necessita de instruções bastante literais e explícitas. Podiam, também, discutir as relativas vantagens e desvantagens de dois computadores diferentes para diferentes funções de programação. Este tipo de conhecimento será útil para os adultos no futuro, que entrarão em contato freqüente com computadores, quer nos programem ou não.

Existe prova concreta de que o que a criança aprende ao programar transfere-se a outras aptidões cognitivas? Tal prova seria ne-

---

* Em português *Círculo Repita* (1 frente 1 direita).

cessária para fundamentar as afirmações feitas no relatório da política governamental francesa. Existem algumas provas de que a programação de computadores pode auxiliar a criança a aprender Matemática. Por exemplo, aprender a escrever programas para gerar e imprimir séries de números ajudou adolescentes de 11 anos de idade a resolver problemas envolvendo o conceito matemático de variável.(35)

A programação na linguagem LOGO tem sido usada também para transmitir conceitos de Física. Andrea DiSessa e Papert ensinaram Física no Laboratório de Inteligência Artificial do MIT, usando uma versão modificada da tartaruga, chamada "dinaruga". A dinaruga se parece com a tartaruga usada na geometria, mas seu movimento segue as leis da Física, em vez das de Matemática.

No ambiente da dinaruga, os estudantes controlam o movimento da tartaruga "empurrando-a" com forças de direção e magnitudes especificadas. A tartaruga então move-se na tela de acordo com as leis da Física newtoniana, como se fosse um objeto em uma superfície sem atrito.

Uma das primeiras surpresas que os estudantes têm neste ambiente é que a tartaruga nem sempre se move na direção que a empurram. Por exemplo, se a tartaruga está se locomovendo para cima e o estudante quer que ela mude de direção e ande lateralmente, ele não pode dar-lhe apenas um empurrão lateral. Ao invés disso, deve empurrá-la com direção e magnitude que neutralizem completamente o movimento para cima e também impulsionem o movimento lateral.(36)

A figura 9 ilustra a diferença entre o modo como o aluno esperaria que a "dinaruga" se movesse e o modo como ela realmente se move quando é empurrada lateralmente.

Figura 9. Um erro na concepção de movimento por parte de um aluno. (Adaptado de DiSessa "Logo Project, Massachusetts Institute of Technology.")

A "dinaruga" pode ser utilizada para transmitir um entendimento intuitivo dos mecanismos elementares que são bastante difíceis de aprender nos ambientes tradicionais de aprendizagem. Um motivo é que é muito difícil conseguir superfícies sem atrito. A relativa ineficácia dos métodos mais comuns do ensino de Física para a transmissão deste conjunto de conceitos é demonstrada pelo fato de que os alunos de Física do MIT (Instituto de Tecnologia de Massachusetts) que brincaram com a "dinaruga" foram tão mal quanto os alunos das escolas primárias.(37)

Há somente uma única prova real de transferência da programação para uma aptidão cognitiva geral que não tem ligação direta com aquele: depois de um ano de prática com LOGO, crianças de nove a onze anos de idade saíram-se melhor em palavras cruzadas e nas tarefas de permutação do que um grupo comparativo sem prática em programação.(38) A tarefa de trocas (onde pede-se à criança que rearranje um conjunto de elementos em tantas maneiras quantas forem possíveis) tem significado especial porque as trocas e combinações são parte do pensamento operacional formal. Por este motivo, constitui-se um dado de apoio à afirmação de Papert de que, ao tornar o abstrato concreto, a programação desenvolverá as aptidões operacionais formais.

Programação e interação social. O mundo de tartarugas e "dinarugas" pode soar solitário e mecânico, sem contato humano, onde cada aluno sente-se sozinho e fita uma tela de vídeo. Muitas pessoas parecem fazer esta idéia dos computadores. Para investigar o impacto da programação de computadores sobre os contatos e as interações sociais da criança, os pesquisadores da *Bank Street* observaram crianças entre as idades de 8 a 11 anos nas salas de aula onde aprendiam a programar na linguagem LOGO. Os pesquisadores observaram as crianças tanto quando trabalhavam com o computador como quando estavam ocupadas nas atividades de classes mais tradicionais. (A oportunidade de interação existia em ambos os tipos de situação porque todas as observações foram feitas nos períodos de exercício, que não eram dirigidos pelo professor.) As crianças colaboraram mais umas com as outras, tanto verbal quanto não-verbalmente, quando trabalhavam com o computador do que quando estavam ocupadas em outras atividades.(39) A surpreendente sociabilidade da atividade com o computador, pelo menos na sala de aula, é um tema que tem surgido muitas vezes em minhas pesquisas para este livro. Parece que os temores comuns sobre a influência desumanizadora ou mecanizadora do computador podem ser parcialmente infundados e que o efeito do computador em classe pode, em geral, ser totalmente oposto.

VOLTANDO-SE PARA O FUTURO

Nas palavras de O. K. Tikhomirov: "Exatamente como o desenvolvimento dos motores à gasolina proporcionaram um instrumento para a atividade física do homem, da mesma forma, o desenvolvimento do computador proporcionou um instrumento para a atividade mental do homem. (...) Os instrumentos não são apenas acrescentados à atividade humana; eles a transformam." (40) O computador, como afirma Tikhomirov, transformará verdadeiramente a atividade mental? Numa área onde os computadores estão funcionando mais plenamente na qualidade de instrumentos — o processamento de palavras — eles realmente parecem estar transformando a relação da criança (e do adulto) com a escrita. Talvez, no fim, a maior contribuição do computador para a educação seja motivacional: os computadores atraem o interesse dos alunos que normalmente abandonariam o sistema educacional. Na Garfield High School, no centro do bairro latino de Los Angeles, a taxa de faltas nas aulas de computador é menos que 5%, comparada com 20% na escola como um todo. Os alunos não somente comparecem às aulas, mas também permanecem na escola depois das aulas e voltam aos sábados para trabalhar no computador. Um importante reconhecimento do poder motivador do computador foi feito por uma aluna, Margarita Vargas: "Agora os alunos estão mais interessados em trabalhar no computador do que em passar o tempo nas ruas." (41)

9. EDUCAÇÃO MULTIMÍDICA

Por muitos caminhos, este livro conduziu à idéia de que deveríamos incorporar a mídia eletrônica à educação, indo além da orientação vigente nas escolas, apoiada na linguagem escrita e falada. Primeiro, cada veículo de comunicação tem seus pontos fortes e fracos e cada um deles reforça determinados tipos de informação, modos de pensar e modos de perceber. Dessa forma, faz-se necessária uma educação multimídica como modo de desenvolver todas as facetas da mente e de fazer com que as crianças vivenciem as mais diferentes perspectivas.

Segundo, o impacto educativo de um veículo aumenta quando ele se torna assunto de diálogo e discussão. A escola é o local onde tal discussão pode ocorrer mais facilmente. A linguagem escrita é atualmente o objeto mais freqüente de discussão em classe; isso aumenta em muito seu valor como instrumento educacional. Os outros veículos poderiam ser analisados. Outro aspecto importante é o potencial da escola em influenciar a percepção e a reação da criança aos diferentes veículos. Como discutimos anteriormente, os currículos organizados sobre a televisão podem propiciar às crianças uma forma mais reflexiva e crítica ao ato de assistir à TV, como se faz tradicionalmente com a literatura.

Terceiro, uma abordagem multimídica a um assunto pode ser um modo mais eficaz de ensino do que um único meio sozinho. Dei exemplo disso no capítulo 8: os alunos de Física do colegial aprenderam mais quando o trabalho em laboratório foi associado a experimentos simulados em computador, do que com cada uma dessas técnicas em separado.

Quarto, como vimos no capítulo 5, a mídia eletrônica pode ser utilizada para tornar a educação e, inclusive, a alfabetização mais acessíveis, elevando o nível educacional de grupos e populações inteiras. A partir deste ponto de vista, a educação multimídica é um meio de tornar a educação mais democrática: ela não pode eliminar diferenças entre grupos, mas pode garantir que um maior número de pessoas tenha acesso ao processo educacional, aumentando, assim, o nível médio de conhecimento e de aptidões.

ORIENTANDO O QUE ASSISTIR EM CASA

O professor pode ter forte influência sobre o que as crianças assistem em casa. Na pesquisa sobre *Freestyle*, programa norte-americano destinado a neutralizar estereótipos sexuais e étnicos relativos às profissões, os professores pediram aos alunos que assistissem ao programa em casa. Esta orientação gerou uma taxa de audiência quase sete vezes maior do que o padrão normal do programa.(1) Com isto, as crianças aprenderam mais com o programa, pois, como quase sempre é o caso, quanto maior a audiência, maior a aprendizagem. Desse modo, os professores podem influir tanto sobre os programas que as crianças assistem, como também sobre o quanto aprendem com eles.

Um dos professores de 1.º grau dos meus filhos, Rick Takagaki, preparou, durante um período, uma lista semanal de programas que recomendava aos alunos. A lista, que variava de filmes antigos a programas de entrevistas, incluía programas bem mais provocativos do que aqueles que meus filhos normalmente assistiam. Ocasionalmente, viam os programas desta lista, algumas vezes fazendo trabalhos extras sobre um deles (esses programas eram parte opcional do curso de Estudos Sociais). Uma coisa que me surpreendeu nas listas era que eu, como mãe não experiente em televisão, não poderia jamais ter criado tal lista, mesmo se tivesse tempo para tentar.

A pesquisa sobre *Freestyle* indica que as sugestões dos professores podem influenciar sobre o que as crianças assistem. A abordagem de Takagaki indica a influência potencial que um professor sensato e conhecedor dos programas de TV pode ter sobre o que as crianças assistem. Possibilidades muito mais amplas podem-se abrir caso esta lista seja parte central e exigida de um curso e se os programas assistidos forem complementados com discussões em classe.

De fato, a escola pode ser o *único* meio prático para influir no modo como as crianças vêem TV e o que assistem nela. Ao comparar a escola e o lar como fontes de orientação para as crianças, no que diz respeito ao que assistem pela televisão, Dorothy e Jerome Singer constataram que era mais fácil influir sobre o que as crianças assistem pela TV, e de que maneira assistem, através da escola do que através dos pais.(2) Posso imaginar uma série de motivos pelos quais seria difícil fazer um trabalho através dos pais.

A maioria dos pais trabalha e são justamente seus filhos que assistem muitas horas de televisão. Os pais que trabalham e tendem a precisar da televisão como babá eletrônica são exatamente aqueles que provavelmente não têm tempo nem energia para orientar seus filhos sobre o que devem ver na televisão. Em geral, os pais estão em desvantagem com relação aos professores quanto ao tempo, energia e conhecimentos necessários para orientar o que seus filhos devem assistir pela televisão.

Isso certamente não deve desencorajar os pais quanto a orientar o que seus filhos assistem. Eles devem fazer tudo o que lhes for possível. Mas sua tarefa pode ser auxiliada pelas escolas. Os pais, em geral, estão mais preparados para saber o que *não* querem que seus filhos assistam do que o que querem. É fazendo sugestões positivas que a escola pode ser muito importante.

TELEVISÃO NA ESCOLA

Vimos que ao fazer de um programa de televisão o foco de interação com o adulto, isto reforça o aprendizado da criança com o programa. Isto porque esta interação faz com que ela perceba que se espera um esforço mental dela. As crianças tendem a abordar a televisão como um meio "fácil", despendem pouco esforço mental ao assisti-la e, conseqüentemente, aprendem muito superficialmente com ela.(3) Em contrapartida, consideram a palavra escrita como um meio mais difícil, investem mais esforço mental e aprendem muito mais profundamente com ela. Entretanto, se pedirmos às crianças que assistam atentamente e tentem aprender com a televisão, o grau de aprendizagem torna-se maior: assistir à televisão chega a assemelhar-se à leitura neste aspecto. Se a televisão fizesse parte dos deveres escolares, naturalmente os professores dariam a seus alunos este tipo de mensagem didática.

Estudando a televisão. A televisão é tratada como sério objeto de estudo em um currículo da escola primária, elaborado por Rosemary Lehman, que toma como tema as características formais da televisão, o código e a estética do veículo.(4) Este currículo transforma o código que constitui a linguagem televisiva (veja o capítulo 2) em objeto de estudo. Exatamente como em uma aula de literatura inglesa são analisadas as qualidades literárias e os estilos de Shakespeare e Dickens, as crianças do programa de Lehman discutem as técnicas e os estilos dos programas de televisão.

O currículo de Lehman divide-se em diferentes aspectos da técnica televisiva, como luz e sombra, cor, formas, movimento e tempo/espaço. Por exemplo, ao analisarem o movimento, as crianças aprendem a distinguir os movimentos de câmera dos movimentos de pessoa e a perceber quando há movimento conjunto de câmera e pessoa. Na área de tempo/espaço, discutem as diferenças entre tempo objetivo (duração do programa em número de horas), a ilusão do tempo criada pela edição, e o tempo subjetivo (a impressão que o espectador teve do tempo que durou o programa). Enquanto as crianças têm dificuldades para perceber e analisar as técnicas da literatura baseadas nas formas verbais, as técnicas da televisão fazem uso das habilidades visuais bem desenvolvidas das crianças; habilidades estas que, como vimos, a televisão explora e promove igualmente.

O currículo de Lehman foi testado em uma classe de alunos de 8 a 9 anos de idade. Estas crianças foram comparadas no final do ano com outra classe ensinada pelo mesmo professor, que não fez tais estudos sobre a televisão. Ao escrever sobre uma seqüência curta de televisão, as crianças que tinham estudado aspectos técnicos e estéticos da televisão fizeram comentários sobre características formais como cor e composição; as crianças do outro grupo escreveram apenas sobre a seqüência da história. As crianças do primeiro grupo também foram muito mais capazes de pensar em perguntas que podiam fazer enquanto assistiam à televisão; analisaram sombras, perspectivas, movimentos simulados, e assim por diante, para descrever uma cena de um programa de TV; além disso, conseguiram identificar melhor qual a trilha sonora que acompanhou a cena.

Após terem feito estudos sobre a televisão durante um ano, as crianças apresentaram mudanças na escolha do que assistiam: programas de ação e de fórmula saíram de suas listas de programas preferidos e foram substituídos por programas mais desafiadores. Tal mudança não ocorreu com a outra classe. Por exemplo, entre as crianças que estudaram televisão, *As Panteras* caiu do primeiro para o décimo lugar; foi substituído pelos filmes noturnos. Embora os documentários e dramas baseados em fatos históricos não estivessem na lista de preferidos antes do curso, *Holocausto* apareceu nos dez primeiros depois.

Esses resultados são importantes. Mostram que as crianças da escola primária podem analisar as técnicas e recursos da televisão, da mesma maneira que se espera que crianças mais velhas façam análise de textos literários. Fazendo isso, as crianças tomam uma abordagem mais ativa ao veículo, tornando-se conscientes não só do conteúdo, mas também de como as técnicas e recursos da televisão criam aquele conteúdo. Em suma, tornam-se cônscias da mensagem de seu meio.

Igualmente importante, tratar a televisão como um objeto sério de estudo faz com que as crianças se esforcem mais para assistir à televisão, de modo a escolher programas mais instigantes. Se este tipo de curso de televisão pudesse ser mais difundido nas escolas, o nível do gosto popular poderia se elevar bastante e, em conseqüência, o público exigiria uma programação de melhor qualidade. Isso poderia ter um impacto tremendo sobre a televisão nos Estados Unidos, onde os níveis de audiência determinam a permanência de um programa nas redes de televisão comercial.

Note que este tipo de curso não analisa a qualidade global do conteúdo dos programas. Trata do domínio das técnicas utilizadas na TV. Desse modo, é uma abordagem positiva à televisão, que pode ser aplicada em comédias, comerciais e programas de ação, bem como em programações mais "educativas".

Aptidões críticas. Outra abordagem ao ensino sobre televisão nas escolas objetiva transformar a criança num espectador crítico. Mencionei tais esforços na área de comerciais e a natureza da realidade televisiva no capítulo 4. Estes currículos visam a neutralizar os efeitos nocivos da televisão comercial dos Estados Unidos, ao invés de usar a televisão de modo construtivo. As técnicas de câmera tendem a ser tratadas como mecanismos de ilusão do que de arte. De fato, obviamente, as técnicas têm dois lados. Este tipo de curículo contribui, entretanto, para a percepção do meio por parte das crianças. Ambas as abordagens ao estudo de televisão têm distintas contribuições a dar, e as crianças seriam beneficiadas se aprendessem a lidar com as abordagens na escola primária.

Seria igualmente útil levar longas-metragens às escolas como objetos de estudo e de análise. Exatamente como com a televisão, poderia ser desenvolvida na sala de aula uma abordagem tanto estética quanto crítica do cinema. Nos Estados Unidos, filmes como *Guerra nas Estrelas* são vistos por quase todas as crianças. No capítulo 4 vimos que um filme, ao ser visto uma única vez, pode influir profundamente nas atitudes sociais das crianças. Todavia, as imagens fortes do filme são assimiladas pelas crianças automaticamente, sem qualquer crítica, informação ou análise que as habilite a fazer escolhas sobre como incorporar o que viram às suas próprias atitudes.

TELEVISÃO A SERVIÇO DA PALAVRA ESCRITA

Muitos pais e professores podem preocupar-se com o fato de que o tempo gasto com a televisão em classe prejudicaria as aptidões de leitura e escrita. Entretanto, a mídia eletrônica também pode ser usada nas escolas como reforço da alfabetização. No capítulo 8, discuti o efeito positivo do processamento de palavras sobre as aptidões de escrita; o capítulo 5 mostrou como as escolas usaram *The Electric Company* para criar as aptidões básicas de leitura.

A televisão e o cinema também podem ser usados para fortalecer a compreensão e o prazer da literatura, especialmente por parte dos estudantes menos capacitados. Ao trabalhar com estudantes ginasianos, Elias Levinson observou como suas reações a contos (de autores como D. Henry) diferiam dependendo do veículo de apresentação. Um grupo de alunos leu a história original; outro grupo leu a história e a viu em filme. Levinson investigou a compreensão (inclusive memória) e a satisfação (avaliada pelo desejo de ler mais histórias do mesmo tipo). No todo, verificou que a projeção do filme aumentou a compreensão e a satisfação, especialmente nos alunos com baixo QI. A projeção de filmes de histórias mais desconhecidas mostrou resultados ainda mais positivos, indicando que o cinema e a televisão poderiam ser particularmente valiosos para assuntos ou gêneros desconhecidos.(5)

É interessante o fato de que os filmes estimularam a compreensão e a memorização da história, bem como um desejo de ler mais histórias semelhantes. É importante notar também que a preferência do cinema em relação à leitura é maior por parte das crianças que tendem a ter mais problemas na escola, ou seja, o grupo com baixo QI. Este estudo demonstra o potencial de uso da televisão como apoio à leitura. Ao contrário da opinião popular, os livros e a televisão não precisam ser dois meios competitivos de comunicação.

De fato, os filmes tendem a tornar determinados livros populares entre as crianças. Uma pesquisa com alunos da sexta, sétima e oitava séries em Nova Jersey mostrou que 40% dos livros que eles escolheram para ler estavam ligados à televisão ou ao cinema. Na Inglaterra, nos anos 50, descobriu-se que as dramatizações pelo rádio e pela televisão, algumas apresentadas em seriados, motivaram muitas crianças à leitura de tais livros, muitos dos quais clássicos.(6)

Alguns professores estão começando a se utilizar do poder que a televisão possui para motivar a leitura. Uma amostra dos resultados surpeendentes que podem ser obtidos é transmitida por Rosemary Lee Potter, pioneira no uso da televisão não-educativa na escola:

> Um dia, uma aluna da sexta série chamada Clara veio com um exemplar do livro *The Little House on the Prairie* (A Casinha da Campina). Clara não era uma leitora assídua. Jamais tinha lido um livro não recomendado. Foi uma grande surpresa para mim vê-la com um livro tão extenso

para ler. Sem dúvida, notando minha surpresa, ela logo explicou que *ela o tinha visto na TV!*... revirei estantes, bibliotecas e listas de livros... descobri livros relacionados à televisão para meus alunos... Comecei a levá-los para a sala de aula. Os alunos mostraram grande interesse por eles. A maioria dos livros logo se rasgou de tanto manuseio. Os alunos que anteriormente não eram leitores constantes, passaram a ler tudo, desde o último sobre Fonzie aos livros mais conhecidos, como *Sounder*.(7)

Outro modo de usar a televisão na escola, e que tem se tornado cada vez mais comum nos Estados Unidos nos últimos anos, é ler os roteiros dos programas de televisão na sala de aula. As redes de televisão atualmente publicam seus roteiros previamente; todo ano a CBC distribui milhões de roteiros, juntamente com os correspondentes manuais do professor. Há uma organização, a *Capital Cities Television Reading Program* (Programa de Leitura da Capital Cities Television), que distribui roteiros prévios juntamente com os manuais do professor e livro de exercícios para o aluno. Os professores da Filadélfia, que usaram os roteiros dos programas de televisão, registraram um aumento nas notas de leitura e maior interesse em ler. Os livros foram até roubados da classe, o primeiro roubo de material de leitura de que se tem notícia naquela escola.(8)

Os programas de televisão e os filmes podem também ser tratados como literatura na escola. Sharon Neuwirth, professora da quarta série, observou que seus alunos estavam relatando os programas preferidos de televisão, em classe, com grandes detalhes que não eram básicos ao fio da história. (Suas observações vão de encontro à pesquisa experimental sobre o assunto.) (9) Notou a mesma tendência em ater-se a detalhes periféricos, ao discutir as histórias lidas em classe e nos fichamentos de livros. Para neutralizar esse efeito, Neuwirth desenvolveu um projeto para ensinar a compreensão de texto, centrando o conflito como chave para a estrutura de uma história:

> Expliquei aos alunos que um conflito se estabelece quando um personagem tem um problema a resolver: ele quer ou precisa de algo, mas existe um obstáculo em seu caminho. Por exemplo, um aluno novo quer fazer amigos, mas é tímido. Ou um professor está determinado a ajudar um aluno que quer largar a escola...

> Para fazer com que os alunos observassem o conflito básico, dei-lhes uma lição de casa diferente: deveriam assistir a qualquer coisa que gostassem na televisão, e prepararem-se no

dia seguinte para contar o programa em três frases somente — sobre quem era o programa, o que o personagem principal queria e o que estava em seu caminho.(10)

A partir dessa incumbência, Neuwirth dividiu a classe para identificar o conflito em outros veículos: filmes, peças escolares e contos. Um dos efeitos de aprender a entender a estrutura básica de uma história era o de as crianças poderem, pela primeira vez, ler romances longos. Elas não conseguiam fazê-lo antes porque, não possuindo um sentido de estrutura global, eram incapazes de compreender enredos complexos.

O projeto de Neuwirth deu certo porque começou com a televisão. O veículo era disponível a todas as crianças, não importando seu nível de leitura, e elas já estavam altamente motivadas a assistir e discutir os programas de televisão. Uma vez aprendidos os conceitos relativos a esse veículo familiar, elas puderam ser transferidas a outros mais difíceis e menos familiares, principalmente a escrita. Certamente, esse projeto transformará as crianças em espectadores mais exigentes e perceptivos, além de torná-los melhores leitores.

Um dos motivos pelos quais a transferência de habilidades da televisão para a linguagem escrita funciona tão bem pode ser o fato de que a criança começa em um nível mais elevado de conhecimento, no primeiro veículo. Na Inglaterra, Michael Scarborough demonstrou o uso educacional da programação normal de TV com crianças de 10 e 11 anos de idade, chegando às seguintes conclusões:

> Provavelmente, o resultado mais significativo advindo desse esforço foi o aprimoramento considerável na capacidade de conceituação da criança. Certamente, sua compreensão dos programas era melhor do que seria se o exercício fosse baseado em material escrito com conteúdo e dificuldade comparáveis. Pode ser que esta seja uma indicação da inteligência e rendimento escolar, mas a partir do meu trabalho é impossível comprovar tal hipótese. No entanto, minha opinião é que, por haver uma familiaridade maior com o veículo televisivo, as crianças que dispõem de habilidades básicas estão mais à vontade para expressar sua compreensão daquilo que assistiram.(11)

O ARGUMENTO PARA A EDUCAÇÃO MULTIMÍDICA

Poder-se-ia considerar que todas essas técnicas de aula indicam o valor da educação multimídica: em cada caso, a televisão ou o cinema complementam a palavra escrita, mas não a substituem.

Realmente, uma das constatações mais consistentes na literatura sobre a mídia na educação é que a utilização de diversos meios leva a resultados muito melhores do que o uso de um único.(12) De fato, ao se falar de mídia nas escolas, revela-se sempre a intenção de acrescentar a mídia ao meio original de interação direta com o professor. Por sua vez, a interação direta enriquece a aprendizagem transmitida por qualquer meio de comunicação.

Há vários motivos pelos quais seria recompensador apresentar o mesmo conteúdo através de mais de um meio. Cada um destes, devido a seu código de representação e suas capacidades técnicas, deve enfatizar diferentes tipos de informação. Por exemplo, o cinema ou a televisão enfatizam a ação e eventos simultâneos. A escrita, ao contrário, enfatiza o relacionamento seqüencial e linear entre idéias e eventos. Desse modo, receber informações sobre o mesmo assunto por intermédio de diferentes veículos significa aprender o assunto sob diversos pontos de vista.(13)

O atual sistema educacional é tão orientado para a escrita que tendemos a considerar a descrição através da linguagem escrita como a "verdadeira". A linguagem escrita, também na educação é um meio privilegiado de comunicação. Este talvez seja resultado principalmente de uma circunstância histórica: a escrita apareceu primeiro. É hora de questionar-se esta afirmação, não pensando em substituir a escrita, mas em não se limitar a um único veículo de comunicação para um sistema que se caracteriza, cada vez mais, pelo uso de diversos meios de comunicação.

Exemplos de educação multimídica. Na Inglaterra, deram-se passos importantes para incorporar a televisão ao sistema escolar. Um vasto sistema de difusão escolar apresentado cooperativamente pela BBC (pública) e pela ITV (privada), inclui séries sobre uma ampla variedade de assuntos a cada nível de educação, desde a pré-escola até a universidade. Os manuais do professor para cada uma das séries apresentam idéias para preparação de atividades antes e após a exibição. Embora estas exibições não estejam perfeitamente integradas ao currículo, são amplamente usadas e aceitas pelos professores.

Na Suécia, muito se pensou sobre a melhor forma de empregar a mídia nas escolas. Rolf Lundgren, diretor da unidade de programação da Rede Sueca de Televisão, dá um exemplo das forças complementares da televisão e da escrita em um pacote multimídico:

> Se se trata de dar informações aos alunos sobre fatos e pessoas deixe o material escrito dar-lhes os fatos e a televisão as pessoas. Suponha que queiramos dar aos alunos a idéia do que faz a sociedade sueca para cuidar de seus alcoólatras. A

informação sobre quantos alcoólatras existem, em que lugares do país há clínicas especiais para eles, quanto custam ao contribuinte etc., todos estes tipos de dados poderiam ser melhor fornecidos sob a forma impressa do que em um programa. Neste, poderíamos acompanhar um dia normal na vida de um alcoólatra, dando ao aluno um documento dinâmico. Deixe-se o material impresso tomar conta dos aspectos cognitivos e o programa dos aspectos emocionais do assunto... No exemplo mencionado — que faz parte de um projeto multimídico que produzimos há alguns anos — o programa de TV apresentou aos alunos o caso de um indivíduo infeliz e estes não puderam evitar sentirem-se tocados pelo que viram; nas discussões em classe que se seguiram, eles puderam generalizar suas impressões sobre o programa, com o auxílio de informações que lhes foram fornecidas através de um folheto.(14)

Outra técnica sueca era usar o rádio para comentar sobre o caso assistido pela televisão, apresentando, por exemplo, entrevistas com os assistentes sociais e outras pessoas que entram em contato com os alcoólatras. O rádio também é usado como material puramente verbal ou auditivo, inclusive exercícios sobre o material exibido pela televisão.

Como vimos no capítulo 4, uma das forças da televisão está em transmitir sentimentos. A escrita, em contrapartida, é boa para descrever fatos. Finalmente, a discussão não somente fornece o elemento ativo tão essencial ao aprendizado, também ajuda a transformar fatos específicos, observados na televisão, em generalizações. Sinto que uma das limitações da televisão está na sua tendência a usar exemplos concretos, facilmente mostrados através de imagens visuais, e a evitar generalizações. A escrita e a discussão, entretanto, prestam-se bem para abstrair generalizações, precisamente porque podem ser dissociadas das imagens concretas. Ao se associar a televisão com estes outros meios é possível transformar os pontos fracos da televisão em fortes, pois esta proporciona exemplos concretos que tornam significativas as generalizações abstratas.

Em minha experiência com o ensino de Psicologia Experimental para estudantes universitários, também descobri serem complementares os diversos veículos. Utilizo gravações para apresentar experimentos de natureza puramente verbal. Utilizo filmes e vídeos para mostrar o comportamento e as reações infantis em diferentes faixas etárias e para mostrar os ambientes que, de outra forma, não seriam acessíveis a muitos estudantes. Por exemplo, é virtualmente impossível descrever os reflexos do bebê de forma significativa a alguém que nunca o viu. O cinema permite que os alunos os vejam. Através dele, meus alunos podem observar como um bebê é cuidado em um *kibutz* em Israel ou conhecer uma família que perdeu uma criança com a doença de Tay-Sachs.*

O cinema também pode envolver os estudantes no assunto e eu posso tirar proveito disso usando filmes como base para a discussão em grupo. Mas os hábitos adquiridos ao se assistir em demasia a programas de televisão que não instiguem a reflexão podem fazer com que os alunos considerem os filmes como intervalos de aula, oportunidades para "divagar". É necessário estabelecer um contexto para seu envolvimento ativo com o material do filme. Faço isso principalmente ao dizer aos alunos que os filmes são parte essencial do curso e que eles serão testados por isso. Também apresento cada filme, encaixando-o totalmente na estrutura da aula — uma técnica que provou fortalecer a aprendizagem através de um filme. Uma pesquisa informal feita em minha classe confirmou uma descoberta experimental mencionada anteriormente: um filme torna mais memorável um ponto de uma palestra ou leitura.

Após mostrar um filme, uso a palestra para relacionar exemplos concretos apresentados no filme como fatos gerais e teorias. Por exemplo, após um filme sobre a doença de Tay-Sachs, posso falar sobre a freqüência e mecanismo genético desta doença; após um filme sobre como são cuidados os bebês em um *kibutz*, posso falar sobre como os bebês que cresceram em um *kibutz* tendem a se desenvolver. Também faço uso de livros-texto, que ressaltam os pontos abordados em aula e podem tratar uma gama ainda mais ampla de fatos e teorias. Os livros-texto geralmente proporcionam base geral e permitem que se façam associações entre fatos retratados nos filmes. Finalmente, faço com que os alunos observem as crianças, a fim de testar alguns fatos e teorias por si mesmos, para experimentar os métodos a partir dos quais se derivam os fatos na área, e para tornarem-se pessoalmente envolvidos com a matéria.

Desse modo, cada veículo — vídeo ou filme, comunicação direta, escrita e experimento — contribui para um ponto de vista singular sobre o mesmo conjunto de assuntos. Juntos eles proporcionam capacidade de memorização, aprendizagem ativa, conteúdo fatual e generalizações sobre a área. Embora este exemplo seja baseado apenas em minha experiência pessoal, ele vai de encontro aos fatos que vêm se acumulando sobre cada veículo e sobre o valor da aprendizagem multimídica.

Estudos comparativos de mídia. Se os diferentes veículos apresentam visões diferentes sobre o mesmo assunto, então uma tarefa

---

* Doença hereditária entre os descendentes de judeus europeus ocidentais, causada por deficiência de enzima e caracterizada por retardamento mental, paralisia e morte na infância.

interessante a ser realizada na escola seria comparar essas visões de forma sistemática: os estudos comparativos de mídia. O contraste é o principal mecanismo psicológico para a conscientização de algo. Não creio ser coincidência que nosso primeiro conhecimento científico da alfabetização teve início exatamente quando a mídia eletrônica tornou-se importante. Antes do advento da mídia mais recente, a escrita era considerada um veículo de informação transparente. As noções tendenciosas referentes à escrita não poderiam ser imaginadas, na medida em que era o único meio de comunicação de massa. Quando a mídia eletrônica revelou ser diferente da palavra escrita, ela forneceu elementos suficientes que puderam ser contrastados, tornando "visíveis", pela primeira vez, as qualidades da palavra escrita como veículo de comunicação. Esta idéia de contraste pode ser aplicada à educação infantil. Os estudos comparativos de mídia poderão tornar as crianças conscientes do estilo, técnicas e tendências de cada meio.

Novas combinações de mídia. A mídia eletrônica mais recente, *videogames* e computadores também possuem aplicações promissoras na educação, conforme revelaram os capítulos 7 e 8. Vimos que o emprego de simulações em computador, juntamente com experimentos reais em laboratório é melhor do que a utilização de qualquer um destes meios sozinho para o ensino da Física. Na França, as simulações em computador foram acrescentadas aos cursos de Biologia, a fim de permitir aos alunos a realização de experiências em áreas tais como o desenvolvimento embrionário, às quais eles geralmente não teriam acesso.(15) Os programas de simulação poderiam ser incorporados ao ensino de matérias desde Matemática a Estudos Sociais, permitindo combinações multimídicas com computadores para quase toda área de conhecimento. O *software* de aprendizagem é outra aplicação dos computadores na educação, uma complementação útil à instrução que se apóia tradicionalmente em outros meios.

Há uma série de áreas em que o computador pode servir como instrumento para outro meio, ao invés de constituir um recurso didático em si.(16) No processamento de palavras (discutido no capítulo 8), o computador é um instrumento para o meio da palavra escrita. A música é outra dessas áreas; os computadores pessoais permitem que até os iniciantes façam experiências com composição musical. Na arte, programas como *Color Sketch* fornecem um estampador eletrônico que possibilita mudar cores, apagar e redesenhar à vontade. Outros programas gráficos dão maior flexibilidade, incluindo até a possibilidade de animação por computador.

Um desenvolvimento novo é o uso conjunto da televisão e do computador. Samuel Gibbon, Cynthia Char e seus colegas do *Bank*

Street College of Education estão trabalhando em um programa de ciência, *A Viagem de Mimi,* que combinará seriados de televisão com programas de computador. Neste programa, dois cientistas e seus assistentes adolescentes estudam baleias em um barco com um computador a bordo. Vem se desenvolvendo programas de computador para uso nas escolas, em conjunto com programas de televisão. Por exemplo, um deles é uma simulação de técnicas de navegação que envolve Matemática bastante complexa; outro envolve dados gráficos, com dados sobre a temperatura da água em relação ao tempo; um terceiro usa o tema da busca de uma baleia para ensinar comandos simples na linguagem LOGO. Este projeto dá uma idéia das combinações de mídia que serão possíveis na educação do futuro.

Quanto aos *videogames,* já mencionei que eles podem motivar as crianças para fazer programação de computadores. Outro exemplo das possibilidades dos *videogames* na educação multimídica é dado por Levin e Kareev, usando um jogo chamado *Roadrace* (Corrida de Estrada). O jogo tem valor de aprendizagem potencial em si: para a coordenação viso-motora, integração de informações (velocidade e posição), atenção e números de leitura (velocidade, tempo e pontos ganhos aparecem continuamente na tela). *Roadrace* também pode dar motivação e informação para outras atividades de aprendizagem. Levin e Kareev pediram aos alunos de uma classe da quarta série que já tinham jogado *Roadrace* por algum tempo, para continuarem a observar suas notas em redação, ensinando-as no fim como fazê-lo, esboçando gráficos. Apresentam outras idéias para se aplicar *Roadrace* à Matemática, tal como aprender média aritmética, tirando a média de notas, ou como projetar em gráficos os diferentes percursos.(17)

As combinações multimídicas envolvendo *videogames* e computadores estão apenas iniciando. Sabendo o que sabemos sobre a tecnologia de computador, os computadores teriam contribuições a fazer a outros meios, permitindo a individualização do ensino, a participação ativa na aprendizagem, oferecendo equipamentos poderosos e possibilitando a experimentação com sistemas complexos.

Videodisco. O videodisco é um novo veículo que, em si, é uma combinação multimídica. Combina a apresentação de imagens e sons, característica do cinema e da televisão, com o trabalho individualizado e a participação ativa, característicos do computador. Por exemplo, o videodisco pode permitir que o espectador escreva sua própria história, ao apresentar escolhas alternativas, à medida que progride a história. Uma vez feita a escolha, o resultado é mostrado em filme. Este exemplo simples mostra como o videodisco pode tornar a televisão ao mesmo tempo mais individualizada e participante. (Um jogo de videodisco o *Dragon's Lair* (A Toca do Dragão) foi a moda no verão de 1983 nos fliperamas dos Estados Unidos.)

AS NOVAS TECNOLOGIAS EM VÍDEO

Televisão a cabo. A televisão a cabo está mudando o ambiente da mídia nos Estados Unidos. Ao multiplicar o número de estações disponíveis, o cabo multiplica as opções de materiais para uso sob todas as formas que sugeri. Ao fornecer pelo menos uma rede especializada em programação infantil, cresce a quantidade de programação apropriada para a criança.

Algumas das estações mais especializadas proporcionam novos tipos de conteúdo que poderiam ser úteis para fins didáticos. Por exemplo, a transmissão diária dos trabalhos do Congresso poderia ser usada em aulas de política. As gravações dos canais de língua castelhana poderiam ser usados para ensinar espanhol. Igualmente, canais de acesso a comunidades tornam possível que os trabalhos em vídeo dos estudantes sejam transmitidos para a comunidade, dando maior motivação à produção da televisão infantil. A transmissão a cabo de programas de televisão feitos por estudantes já começou a acontecer.

Mas nem tudo são flores na televisão a cabo. Também estão se multiplicando as doenças da televisão ao vivo. A violência dos programas policiais tem um parente novo e pernicioso nos *videoclips* mostrados continuamente na MTV (Music Television) para acompanhar as tendências da música *pop*. Esses vídeos surrealistas são geralmente sadomasoquistas, com os astros de *rock* nos papéis principais. Porque os músicos de *rock* são heróis para os adolescentes, estas imagens provavelmente terão efeito maior sobre o comportamento social do que os programas comuns de televisão. Porque os garotos escutam música por horas a fio, a existência da MTV também aumentará o tempo que muitos adolescentes e pré-adolescentes passarão diante do aparelho de televisão.

O cabo ainda é bastante recente para que saibamos exatamente o que fará e qual será sua forma final. Eu o mencionei principalmente para transmitir a idéia de que o ambiente mídico das crianças está em constante mutação e desenvolvimento. Nossas noções sobre a criança e a mídia precisam levar em consideração esse fato.

Gravação em vídeo. A disponibilidade relativamente recente de nova tecnologia que permite gravar programas de televisão e assisti-los quando se quiser, torna possível usar as transmissões de televisão durante os horários normais de aulas. Essa tecnologia supera o obstáculo do horário fixo de transmissão, que era uma barreira prática ao uso da televisão na escola.(18) Pela primeira vez, as transmissões de televisão podem ser encaixadas aos diferentes horários de aulas. Mas as implicações das gravações em vídeo são tanto intelectuais quanto práticas. Com gravações é possível ver de novo ou diminuir a velocidade de uma gravação para o tipo de análise detalhada que uma poesia ou um trecho de literatura requerem. James Hosney, professor de cinema para adolescentes de 14 e 15 anos, contou-me que podia perceber uma grande diferença na redação dos alunos sobre um filme quando estes o haviam visto mais de uma vez. Esse fato é indiscutível quando se ensina literatura.

Embora passar um programa ou filme inteiro de uma só vez possa estimular os professores à inatividade, diz-se que "o material videogravado usado em partes força o professor a usá-lo imaginativa e significativamente".(19) Os filmes didáticos narrados algumas vezes absorvem a atividade do professor quanto do aluno; eles dão a aula para o professor e não dão tempo para que o aluno participe. Um pequeno trecho de videogravação sem narração, feito pelo professor ou pelo aluno, pode ser encaixado na própria estrutura do espectador, permitindo uma participação mais ativa, tanto por parte do professor quanto do aluno.

Os videocassetes tornam possível o uso da televisão sob as muitas formas, segundo as quais hoje os livros são usados. Os pais podem fazer videotecas seletivas para o uso dos filhos em casa. Quando as bibliotecas escolares tiverem videocassetes e coleções de gravações em vídeo, os professores poderão recomendar essas gravações, como hoje recomendam livros para discussões posteriores em classe. Esse fato é extremamente importante para o cinema, porque os longas-metragens em geral não se prestam ao uso em classe, devido à sua duração. Igualmente, os professores podem preparar compilações de videoteipes gravados fora do ar, bem como com uma câmera, para uso repetido no ensino de várias matérias.

Outro dos usos da câmera de vídeo está no ensino de esportes. Filmar pessoas enquanto praticam um esporte já é bastante comum, embora tenha-se feito pouco nessa área com crianças. Esta técnica permite que o aluno veja-se sob uma perspectiva exterior, fazendo uso igualmente da facilidade de a televisão retratar o movimento (discutida no capítulo 3).

A CRIANÇA COMO PRODUTORA

A gravação em câmera também abre caminho para a criança atuar como produtora. Pela linguagem escrita, as crianças desde o começo são consumidoras e produtoras ao mesmo tempo. Aprendem a ler e também a escrever. À medida que os computadores são introduzidos nos ambientes educacionais, torna-se cada vez mais aceito o fato de que as crianças irão aprender a programá-lo e também a usar o *software*. Quando o rádio e depois a televisão surgiram, entretanto, esse papel de produção foi relegado. Até bem pouco tempo, os custos e a complexidade da tecnologia colocaram a produção de materiais em vídeo e áudio fora do alcance da maioria das crianças. É hora de repensar na criança como produtora desses veículos de comunicação, pois as tecnologias de produção são agora muito mais acessíveis. A gravação em áudio pode ser efetuada pela maioria das crianças dos países industrializados e o equipamento de gravação em videocassete está se tornando cada vez menor, barato e aperfeiçoado.

Em virtude de a produção envolver sempre mais conhecimento do que a mera percepção,(20) parece provável que, uma vez que as crianças tenham tido experiência como produtoras, elas serão consumidores mais exigentes. Isso parece aplicar-se ao domínio dos computadores; o conhecimento de programação básica torna as crianças mais informadas sobre computadores e seus usos. Existem outros benefícios na produção também. Salomon informa sobre um estudo feito por Chava Tidhar, onde as crianças planejaram, rodaram e editaram filmes de oito milímetros: "As conseqüências de cada uma destas atividades foram medidas em relação ao domínio de aptidões mentais como imaginação, construção espacial, conclusão da história e corte. A produção de filmes tem profundos efeitos cognitivos. Mas a atividade de maior influência estava na edição, e as aptidões mais fortemente afetadas foram as mais gerais e menos específicas à televisão (finalização da história, construção da história, geração de título)." (21) Estes resultados indicam grandes promessas para a produção de filmes e vídeos, em termos de efeitos gerais. Além disso, a produção televisiva pode ser emocionante e valiosa em si mesma. Ninguém sente a necessidade de justificar o ensino de redação à criança porque esta auxilia outra aptidão. Por que deveria ser diferente nossa atitude em relação à produção de filmes ou de televisão?

Quanto à mídia auditiva, o gravador poderia ser difundido atualmente, para dar às crianças experiência como produtoras. Elas facilmente poderiam gravar e editar seus próprios programas de "rádio". Tanto o vídeo quanto o gravador poderiam ser usados para fins documentais e artísticos. Nesse papel, poderiam ser um complemento valioso ao ensino de todas as ciências sociais. Permitir que as crianças ajam como produtoras ajuda a superar as limitações da mídia eletrônica como formas relativamente passivas e unidirecionais de comunicação.

Roteiros de televisão ou cinema. Outro modo pelo qual as crianças, pelo menos as mais velhas, podem agir como produtoras na mídia visual, um modo que também envolve prática em redação, é escrevendo roteiros. Sames Hosney usou esta técnica numa classe da 8.ª série, lidando com filme e literatura ao mesmo tempo. Os alunos foram solicitados a transpor uma história escrita por eles no começo do ano em roteiro, com seqüências de enquadramento (*story boards*), que apresentam a imagem de cada tomada da câmera. Isto envolve, de maneira bem ativa, a essência dos estudos comparativos de mídia: a transposição de um meio a outro. Os alunos têm que pegar um texto escrito e transpô-lo em imagens visuais, uma atividade extremamente difícil e envolvente. De acordo com Hosney, os alunos aprenderam bastante sobre a natureza de ambos os meios, ao fazer esse criativo exercício de transposição.

CONCLUSÕES

Utilizar a mídia eletrônica nas escolas poderia capitalizar as fortes qualidades motivacionais que estes meios têm sobre as crianças. Muitas crianças que não ligam para a escola, interessam-se por alguns destes meios eletrônicos. Um sistema educacional que investisse nesta motivação teria grandes chances de sucesso. Creio que também faria com que a educação se parecesse mais com o "mundo real", onde a importância da mídia eletrônica em relação à palavra escrita é provavelmente o reverso de sua importância relativa no mundo da escola.

Cada meio tem suas próprias vantagens e desvantagens cognitivas e cada um deles pode ser usado para fortalecer o impacto dos outros. Em suma, voltando a Marshall McLuhan, cada meio tem sua própria mensagem cognitiva da palavra escrita é a oportunidade para reflexão. A palavra escrita e o rádio dividem as mensagens da imaginação, verbalização e processamento seqüencial. As mensagens da televisão e do cinema constituem um estilo audiovisual de comunicação (semelhante à comunicação direta) e requerem a habilidade de se interpretar a representação bidimensional de movimento e espaço. Pode ser que a televisão e os *videogames* dividam a mensagem cognitiva de processamento paralelo. Finalmente, os *videogames* e os computadores acrescentam a estes aspectos a mensagem de aprendizagem interativa e a experiência de variáveis interagentes complexas. O computador é um meio ilimitado e flexível que também divide mensagens com muitos dos meios que o precederam. É interativo como a comunicação direta; pode ser um veículo para a palavra escrita, como no processamento de palavras; pode ser usado para programar gráficos animados da televisão ou do cinema. Ainda é muito cedo para se dizer qual será seu efeito final sobre a consciência humana.

O conjunto de mensagens cognitivas veiculadas por um meio particular é, pelo menos no sentido metafórico, a consciência criada por aquele meio. Seria um erro, parece-me, ficar muito preso às mensagens de um único meio. Cada mensagem cognitiva tem seu próprio valor especial.

Os educadores (inclusive eu) têm uma tendência a serem esnobes letrados, lastimando ter passado a época em que as pessoas *realmente* sabiam ler e escrever. Esta atitude impediu-nos de ver a promessa revolucionária da mídia eletrônica: proporciona novas possibilidades cognitivas a grupos carentes e tem potencial para enriquecer e diversificar a experiência educacional de todos.

A sociedade também necessita urgentemente de habilidades que se desenvolvam através da experiência com a mídia eletrônica. A grande maioria das pessoas recebe a maior parte de suas informações pela televisão, não pela palavra escrita. Os longas-metragens proporcionam a maior parte das experiências universais e culturais das crianças. Desse modo, é grande a necessidade de se desenvolver habilidades diretamente relacionadas com a visão. Nossos automóveis são ambientes áudio-eletrônicos. Os *videogames* são a mais lucrativa das indústrias de entretenimento. Os computadores fazem parte de muitos objetos utilizados em nossa vida diária e começam a se espalhar nos lares com incrível rapidez. A maioria das ocupações do futuro envolverá computadores de um modo ou de outro, e os *videogames* serão a primeira experiência das crianças na interação com um computador.

Não está claro quão útil será nos empregos futuros o que se assiste hoje na televisão. Mas a sociedade precisa de pessoas com habilidades visuais bem desenvolvidas. E. S. Ferguson, em um artigo na revista americana *Science,* em 1977, assinalou que a linguagem tecnológica é basicamente não-verbal, e que as pessoas envolvidas com tecnologia precisam ser capazes de repensar em termos de imagens.(22) Disse que as escolas de Engenharia tendem a educar os alunos para analisar sistemas usando números, ao invés de imagens visuais. Essa tendência produziu uma falta de pessoas com aptidões para lidar com as complexidades de máquinas e materiais reais.

Tal tendência para o uso de certos sistemas de símbolos não se limita às escolas de Engenharia, mas predomina em todo o nosso sistema educacional. Chegou a hora de acabar com esta tendência e dar tratamento igual aos diversos meios, a fim de que nosso sistema educacional reflita as mensagens dos meios com os quais as crianças e adultos passam a maior parte de suas vidas.

REFERÊNCIAS

1. OS MEIOS DE COMUNICAÇÃO ELETRÔNICOS

1. B. A. Krier, "Practitioners o fthe Art of Zen TV Watching", *Los Angeles Times*, 6 de junho de 1982, pt. VIII, pp. 1 e 14.

2. H. T. Himmelweit, A. N. Oppenheim e P. Vince, *Television and the Child: An Empirical Study of the Effect of Television on the Young* (Londres: Oxford University Press, 1958). W. Schramm, J. Lyle e E. B. Parker, *Television in the Lives of Our Children* (Stanford, Calif.: Stanford University Press, 1961).

3. M. Winn, *The Plug-In Drug* (Nova York: Viking, 1977).
   J. Mander, *Four Arguments for the Elimination of Television* (Nova York: Quill, 1978).

4. M. McLuhan, *Os Meios de Comunicação como Extensões do Homem*, São Paulo, Ed. Cultrix, 1964.

5. J. S. Bruner, comunicação pessoal, 1982.

6. M. McLuhan, *Os Meios de Comunicação como Extensões do Homem*, p. 30.

7. Himmelweit, Oppenheim e Vince, *Television and the Child*.

8. S. Gadberry e M. Schneider, "Effects of Parental Restrictions on TV-Viewing", tese apresentada à Associação Psicológica Americana, 1978.

9. Instituto Nacional de Saúde Mental, *Television and Behaviour: Ten Years of Scientific Progress and Implications for the Eighties*, vol. 1, *Summary Report* (Rockville, Md.: 1982).

2. A LINGUAGEM DA TELEVISÃO E DO CINEMA

1. M. L. Rice, A. C. Huston e J. C. Wright, "The Forms of Television: Effects on Children's Attention, Comprehension and Social Behaviour", *in* D. Pearl, L. Bouthilet, e J. Lazar, eds., *Television and Behaviour: Ten Years of Scientific Progress and Implications for the Eighties*, vol. 2, *Technical Reviews* (Rockville, Md.: Instituto Nacional de Saúde Mental, 1982). J. D. Andrew, "Christian Metz and the Semiology of the Cinema", *in* Andrews, *The Major Film Theories* (Oxford: Oxford University Press, 1976). G. Salomon, Interaction of Media, Cognition, and Learning (San Francisco: Jossey — Bass, 1979).

2. Adrew, "Christian Metz".

3. W. A. Collins, "Cognitive Processing in Television Viewing", *in* Pearl, Bouthilet, and Lazar, eds., *Television and Behaviour*.

4. R. Smith, "Preschool Children's Comprehension of Television", tese apresentada à Conferência Bienal da Sociedade para Pesquisa sobre o Desenvolvimento Infantil, Abril, 1981. D. R. Anderson e R. Smith, "Young Children's TV Viewing: The Problem of Cognitive Continuity", *in* F. J. Morrison, C. Lord, e D. F. Keating, eds., *Advances in Applied Developmental Psychology* (Nova York: Academic Press, no prelo).

5. W. A. Collins, "Children's Comprehension of Television Content", *in* E. Wartella, ed., *Children Communicating: Media and Development of Thought, Speech, Understanding* (Beverly Hill, Calif.,: Sage, 1979).

6. R. Smith, D. R. Anderson, e C. Fischer, "Young Children's Comprehension of Cinematic Techniques, tese apresentada à Conferência Bienal da Sociedade para Pesquisa sobre o Desevolvimento Infantil", Abril, 1983. Anderson e Smith, "Young Children's TV Viewing".

7. G. Noble, *Children in Front of the Small Screen* (London: Constable, 1975).

8. G. Salomon e A. A. Cohen, "Television Formats, Mastery of Mental Skills, and the Acquisition of Knowledge", *Journal of Educational Psychology*, 1977, 69, 612-619.

9. Salomon, *Interaction of Media, Cognition, and Learning*.

10. R. E. Snow, J. Tiffin, e W. F. Seibrt, "Individual Differences and Instructional Film Effects", *Journal of Educational Psychology*, 1965, *56*, 315-326.

11. Salomon, *Interaction of Media, Cognition, and Learning*.

12. Rice, Huston e Wright, "The Forms of Television". B. A. Watkins, A. Huston-Stein e J. C. Wright, "Effects of Planned Television Programming", *in* E. L. Palmer e A. Dorr, eds.., *Children and the Faces of Television: Teaching, Violence, Selling* (Nova York: Academic Press, 1980).

13. E. L. Palmer, "A Pedagogical Analysis of Recurrent Formats on *Sesame Street* and *The Electric Company*", tese apresentada na Conferência Internacional de Televisão Educativa Infantil em Amsterdam, junho de 1978, e na Convenção Anual da Associação Nacional das Redes de Televisão Educativas, Washington, D. C., outubro de 1978.

14. *Ibid.*

15. *Newsweek*, 26 de maio de 1982. *Time*, 31 de maio de 1982, p. 59.

3. TELEVISÃO E APRENDIZAGEM

1. E. L. Palmer, "Formative Research in Educational Television Production: The Experience of the Children's Television Workshop", *in* W. Schramm, ed. *Quality in Instructional Television* (Honolulu: University Press of Hawaii, 1972). A. C. Huston e J. C. Wright, "Children's Processing of Television: The Informative Functions of Formal Features", *in* J. Bryant e D. R. Anderson, eds., *Watching TV, Understanding TV: Research of Children's Attention and Comprehension* (Nova York: Academic Press, 1983). I. Rydin, "Children's Understanding of Television. II. From Seed

to Telephone Pole, With Moving Picture or Stills?" Rede Sueca de Televisão, 1979.

2. L. Meringoff, "A Story, A Story: The Influence of the Medium on Children's Apprehension of Stories", *Journal of Educational Psychology*, 1980, 72, 240-249.

3. C. M. Murphy e D. J. Wood, "Learning through Media: A Comparison of 4-8 Year-Old Children's Responses to Filmed and Pictorial Instruction", tese não publicada, Universidade de Nottingham, 1981.

4. Rydin, "Children's Understanding of Television".

5. G. C. Sparks e J. Cantor, "Developmental Differences in Responses to *The Incredible Hulk*: Using Piaget's Theory of Cognitive Development to Predict Emotional Effects", tese não publicada, Universidade de Wisconsin, Madison, n.d.

6. H. Sturm e S. Jorg, *Information Processing by Young Children: Piaget's Theory Applied to Radio and Television* (Munich: K. G. Saur, 1981).

7. G. S. Lesser, *Children and Television: Lessons from Sesame Street* (Nova York: Random House, 1974).

8. N. Sproull, "Visual Attention, Modeling Behaviors, and Other Verbal and Nonverbal Meta-Communication of Prekindergarten Children Viewing *Sesame Street*", *American Educational Research Journal*, 1973, *10*, 101-114.

9. G. Dunn, *The Box in the Corner: Television and the Underfives* (Londres: MacMillan, 1977).

10. *Ibid.*

11. A. Hobsbaum e C. Ghikas, "*You and Me*: An Investigation into the Short Term Effectiveness of the BBC Television Series", BBC School Broadcasts, Research and Evaluation Report, n.º 5, Outono de 1979.

12. IBA Audience Research Department, *Children and Television: A Survey of the Role of TV in Children's Experience and of Parents' Attitudes Towards TV for Their Children* (London: Independent Broadcasting Authority, 1974). J. L. Singer e D. G. Singer, *Television, Imagination, and Aggression: A Study of Preschoolers* (Hillsdale, N. J.: Erlbaum, 1981).

4. TELEVISÃO E REALIDADE SOCIAL

1. A. Dorr, "Television and the Socialization of the Minority Child", *in* G. L. Berry e C. Mitchell-Kernan, eds., *Television and the Socialization of the Minority Child* (Nova York: Academic Press, 1982). R. P. Hawkins e S. Pingree, "Television's Influence on Social Reality", *in* Pearl, Bouthilet e Lazar, eds., *Television and Behavior*. A. Dorr Leifer, "Research on the Socialization Influence of Television in the United States", *Fernsehen und Bildung*, 1975, *9*, 111-142. Noble, *Children in Front of the Small Screen*.

2. B. S. Greenberg, "Television and Role Socialization: An Overview", *in* Pearl, Bouthilet e Lazar, eds., *Television and Behavior*.

3. H. F. Waters, "Life According to TV", *Newsweek*, 6 de dezembro de 1982, p. 136.

4. M. Lalor, "The Hidden Curriculum", *in* R. Rogers, ed., *Television and the Family* (London: UK Association for the International Year of the Child and the University of London, 1980).

5. A. S. Tan, "TV Beauty Ads and Role Expectations of Adolescent Female Viewers", *Journalism Quarterly*, 1979, *56*, 283-288.

6. Himmelweit, Oppenheim e Vince, *Television and the Child*. C. V. Feilitzen, L. Filipson e I. Schyller, Open Your Eyes to Children's Viewing: On Children, TV and Radio, Now and in the Future (Estocolmo: Sveriges Radios forlag, 1977).

7. R. P. Ross, T. Campbell, J. C. Wright, A. C. Huston, M. L. Rice e P. Turk, "When Celebrities Talk, Children Listen: An Experimental Analysis of Children's Responses to TV Ads with Celebrity Endorsement", tese não publicada, Center for Research on the Influences of Television on Children, Universidade de Kansas, n.d.

8. J. Johnston e J. Ettema, *Positive Images: Breaking Stereotypes with Children's Television* (Beverly Hills, Calif.: Sage, 1982).

9. C. R. Corder-Bolz, "Mediation: The Role of Significant Others", *Journal of Communication*, 1980, *30*, 106-118.

10. K. Durkin, *Sex Roles and Children's Television*, Relatório à Independent Broadcasting Authority, Social Psychology Research Unit, Universidade de Kent, Canterbury, 1983.

11. H. Fairchild, "Creating, Producing, and Evaluating Prosocial TV: Reflections of a Social Scientist", tese não publicada, UCLA, n.d.

12. Greenberg, "Television and Role Socialization".

13. G. Bogatz e S. Ball, *The Second Year of "Sesame Street": A Continuing Evaluation* (Princeton, N. J.: "Educational Testing Service, 1971). P. G. Christenson e D. F. Roberts, "The Role of Television in the Formation of Children's Social Attitudes", *in* M. J. A. Howe, ed., *Learning from Television: Psychological and Educational Research* (London: Academic Press, 1982).

14. Dorr, "Television and the Socialization of the Minority Child".

15. S. B. Graves, "Television and Its Impact on the Cognitive and Affective Development of Minority Children", *in* Berry e Mitchell-Kernan, eds., *Television and the Socialization of the Minority Child*.

16. Feilitzen, Filipson e Schyller, *Open Your Eyes to Children's Viewing*, pp. 50-51. S. Guskin, W Morgan, M. Cherkes e T. Peel, "The Effects of *Sesame Street* Segments about Deafness and Signing on Four and Five Year Olds'Understandings and Attitudes", Children's Television Workshop, 1979.

17. C. L. O'Brien, "*The Big Blue Marble Story*", *Television and Children*, 1981, *4/5*, 18-22. Christenson e Roberts, "The Role of Television in the Formation of Children's Social Attitudes".

18. Himmelweit, Oppenheim e Vince, *Television and the Child*.

19. R. C. Peterson e L. L. Thurstone, *Metion Pictures and the Social Attitudes of Children* (Nova York: MacMillan, 1933). Christenson e Roberts, "The Role of Television in the Formation of Children's Social Attitudes".

20. Feilitzen, Filipson e Schyller, *Open Yor Eyes to Children's Viewing*, p. 51.

21. Himmelweit, Openheim e Vince, *Television and the Child*.

22. Noble, *Children in Front of the Small Screen*, p. 62.

23. *Media Watch Bulletin* (Chapel Hill, N. C.), 1981. D. G. Singer, "The Research Connection", *Television and Children*, 1982, *5*, 25-35.

24. L. R. Huesmann, "Television, Violence and Aggressive Behavior", *in* Pearl, Bouthilet e Lazar, eds., *Television and Behavior*. J. P. Rushton, "Television and Prosocial Behavior", *in* Pearl, Bouthilet e Lazar, eds. *Television and Behavior*.

25. Rushton, "Television and Prosocial Behavior".

26. A. Dorr, "Television and Affective Development and Functioning", *in* Pearl, Bouthilet e Lazar, eds., *Television and Behavior*.

27. H. Sturm, "Emotional Effetcs — Media-Specific Factors in Radio and Television: Results of Two Studies and Projected Research", *Fernsehen und Bildung*, 1978, *12*.

28. R. S. Drabman e M. H. Thomas, "Does Media Violance Increase Children's Toleration of Real-Life Aggressions?", *Developmental Psychology*, 1974, *10*, 418-424. H. F. Waters, "What TV Does to Kids", *Newsweek*, 21 de fevereiro de 1977, pp. 62-70.

29. Himmelweit, Oppenheim e Vince, *Television and the Child*.

30. *Ibid.*

31. G. Comstock, S. Chafee, N. Katzman, M. McCombs, e D. Roberts, *Television and Human Behavior* (Nova York: Columbia University Press, 1978). J. P. Murray e S. Kippax, "From the Eearly Window to the Late Night Show: International Trends in the Study of Television's Impact on Children and Adults", in *L*. Berkomitz, ed., *Advances in Experimental Social Psychology* (Nova York: Academic Press, 1979).

32. S. Feshbach e S. Cohen, "Enhancing Children's Discrimination in Response to Television Advertising: The Effects of Psychoeducational Training in Two Elementary-School-Age Groups", *Developmental Review*, no prelo.

33. A Dorr, "When I Was a Child, I Thought as a Child", *in* S. B. Withney e R. P. Abeles, eds., *Television and Social Behavior: Beyond Violence and Children* (Hillsdale, N. T.: Erlbaum, 1980), p. 195.

34. A. Dorr, "No Short Cuts to Judging Reality", *in* Bryant e Anderson, eds., *Watching TV, Understanding TV*. Dorr, "When I Was a Child, I Thought as a Child". D. E. Fernie, "Ordinary and Extraordinary People", *in* H. Kelli e H. Gardner, eds., *Viewing Children through Television* (S. Francisco: Jossey-Bass, 1981).

35. Noble, *Children in Front of the Small Screen*. Fernie, "Ordinary and Extraordinary People".

36. H. Kelly, "Reasoning about Realities: Children's Evaluations of Television and Books", *in* Kelly e Gardner, eds., *Viewing Children through Television*.

37. Feilitzen, Filipson e Schyller, *Open Your Eyes to Children's Viewing*.

38. Dorr, "Television and the Socialization of the Minority Child".

39. A. F. Newcomb e W. A. Collins, "Children's Comprehension of Family Role Porthayals in Televised Dramas: Effects of Socio-Economic Status, Ethnicity, and Age", *Developmental Psychology*, 1979, 15, 417-423.

40. L. S. Liben e M. L. Signorella, "Gender-Related Schemata end Constructive Memory in Children", *Child Development*, 1980, *5*, 11-18.

41. S. Pingree, "The Effects of Nonsexist Television Commercials and Perceptions of Reality on Children's Attitudes about Women", *Psychology of*

Women Quarterly, 1978, *2*, 262-276. Durkin, *Sex Roles and Children's Television*.

42. C. R. Corder-Bolz, "Television Literacy and Critical Viewing Skills", *in* Pearl, Bouthilet e Lazar, eds., *Television and Behavior*.

43. C. R. Corder-Bolz e S. L. D'Bryant, "Can People Affect Television? Teacher vs. Program", *Journal of Communication*, 1978, *28*, 97-103.

44. J. Bryce, "Family Styles and Television Use", tese apresentada à Conferência sobre Cultura e Comunicação, Filadélfia, abril de 1981. D. G. Singer e J. L. Singer, "Family Lifestyle and Television-Viewing as Predictors of Children's Cognition, Imagination and Motor Behavior", tese apresentada à Sociedade para Pesquisa sobre o Desenvolvimento Infantil, Detroit, Abril, 1983.

45. Himmelweit, Oppenheim e Vince, *Television and the Child*. A. A. Cohen, H. Adoni e G. Drori, "Adolescents' Differential Perception of Social Conflicts in Television News and Social Reality", tese não publicada, Universidade Hebraica de Jerusalém, 1982.

46. A. Dorr, S. B. Graves e E. Phelps, "Television Literacy for Young Children", *Journal of Communication*, 1980, *30*, 71-83.

5. USANDO A TELEVISÃO PARA SUPERAR DESVANTAGENS EDUCACIONAIS

1. H. Himmelweit, comunicação pessoal, 1983.

2. T. D. Cook, H. Appleton, R. F. Coner, A. Shaffer, G. Tamkin e S. J. Weber, *Sesame Street Revisited* (Nova York: Russel Sage, 1975). G. Salomon, "*Sesame Street* in Israel: Its Instructional and Phychological Effects on Children", tese não publicada, Universidade Hebraica de Jerusalém, 1974. S. Ball e G. A. Bogatz, *The First Year of "Sesame Street": An Evaluation* (Princeton, N. J.: Educational Testing Service, 1970). K. I. Lemercier e G. R. Teasdale, " 'Sesame Street': Some Effects of a Television Programmeron the Cognitive Skills of Young Children from Lower SES Backgrounds", *Australia Psychologist*, 1973, *8*, 47-51. Lesser, *Children and Television*.

3. Lesser, *Children and Television*.

4. S. Y. Gibbon, Jr., E. L. Palmer e B. R. Fowles, "*Sesame Street, The Electric Company*, and Reading", *in* J. B. Carroll e J. S. Chall, eds., *Toward a Literate Society* (Nova York: McGraw-Hill, 1975).

5. J. G. Cooney, "*The Electric Company* — Television and Reading, 1971-1980: A Mid-Experiment Appraisal", Children's Television Workshop, 1976. S. Ball, G. A. Bogatz, K. M. Kazarow e D. B. Rubin, *Reading with Television: a Follow-Up Evaluation of the Electric Company* (Princeton, N. J.: Educational Testing Service, 1973).

6. Ball, Bogatz, Kazarow e Rubin, *Reading with Television*.
7. Gibbon, Palmer e Fowles, "*Sesame Street, The Electric Company*, and Reading".

8. Huston e Wright, "Children's Processing of Television".

9. Graves, "Television and Its Impacts on the Cognitive and Affective Development of Minority Children". Corder-Bolz, "Mediation".

10. Ball e Bogatz, The First Year of "Sesame Street". Salomon, "*Sesame Street* in Israel".

11. A descrição de Téléninger e seus resultados originam-se das seguintes fontes: W. Schramm, *Big Media, Little Media* (Beverly Hills, Calif.: Sage, 1977). M. Egly, "Téléniger", *Dossiers Pedagogiques*, 1973, *1*, 2-5. E. Pierre, "La Communication Classe-Ecran: Une Relation d'Apprentissage", *Dossiers Pedagogiques*, 1973, *1*, 6-11.

12. R. Dias Guerrero, I. Reyes-Lagunes, D. B. Witzke e W. H. Holtzman, "*Plaza Sesamo* in Mexico: An Evaluation", *Journal of Communication*, 1976, *26*, 109-123.

13. H. Himmelweit, "Youth, Television, and Experimentation", *in Cultural Role of Broadcasting* (Tokyo: Hoso-Bunka Foundation, 1978).

14. J. K. Mayo, R. C. Hornik e E. G. McAnany, *Educational Reform with Television: The El Salvador Experience* (Stanford: Stanford University Press, 1976).

6. COMPARANDO A PALAVRA ESCRITA, O RÁDIO E A TELEVISÃO

1. S. Scribner e M. Cole, *The Psychology of Literacy* (Cambridge, Mass., Harvard University Press, 1981).

2. M. Wober, "Individualism, Home Life, and Work Efficiency among a Group of Nigerian Workers", *Journal of Occupational Psychology*, 1967, *41*, 183-192.

3. McLuhan, *Os Meios de Comunicação como Extensão do Homem*, São Paulo, Cultrix, 1964, p. 31.

4. J. P. Murray, *Television and Youth: Twenty-Five Years of Research and Controversy* (Boys Town, Neb.: Boys Town Center for the Study of Youth Development, 1980).

5. K. Pezdek e A. Leher, "The Relationship between Reading and Cognitive Processing of Media", tese não-publicada, Claremont Graduate School, 1983.

6. G. Salomon, "Toward a Theory of Communication and Education in Reciprocal Relations: Learners' Active Role", endereçada à Associação Americana de Psicologia, Anaheim, Calif., agosto de 1983.

7. M. Morgan e L. Gross, "Television and Educational Achievement and Aspiration", *in* Pearl, Bouthilet e Lazar, eds., *Television and Behavior*.

8. G. Salomon, "Television Watching and Mental Effort: A Social Psychological View", *in* Bryant e Anderson, eds., *Watching TV, Understanding TV*.

9. C. A. Char e L. Meringoff, "The Role of Story Illustrations: Children's Story Comprehension in Three Different Media", Harvard Project Zero, Technical Report n.º 22, janeiro de 1981.

10. P. Greenfield, "Radio and Television Experimentally Compared: Effects of the Medium on Imagination and Transmission of Content", relatório fial ao Instituto Nacional de Educação, Programa de Ensino e Apredizagem, 1982. J. Beagles-Roos e I. Gat, "Specific Impact of Radio and Television on Children's Story Comprehension", *Journal of Educational Psychology*, 1983, *75*, 128-137.

11. L. Meringoff, "The Influence of the Medium on Children's Story Apprehension", *Journal of Educational Psychology*, 1980, *72*, 240-249. L. K. Meringoff, M. M. Vibbert, C. A. Char, D. E. Fernie, G. S. Banker e H. Gardner, "How is Children's Learning from Television Distinctive?:

Exploiting the Medium Methodologically", *in* Bryant e Anderson, eds., *Watching TV, Understanding TV.*

12. D. Hayes e D. W. Birnbaum, "Preschoolers' Retention of Televised Events: Is a Picture Worth a Thousand Words?", *Developmental Psychology*, 1980, *16*, 410-416.

13. Pezdek e Leher, "The Relationship between Reading and Cognitive Processing of Media". K. Pezdek e E. Stevens, "Children's Memory for Auditory and Visual Information on Television", *Developmental Psychology*, a sair.

14. Char e Meringoff, em um estudo semelhante ao nosso, não acharam vantagem na rememorização do diálogo pelo rádio. Entretanto, eles tinham crianças de idade equivalente às nossas mais novas, e constatamos que estas crianças memorizavam relativamente poucos diálogos, não importa o meio. Ademais, Char e Meringoff usaram uma amostragem bem menor que a nossa. Estes dois fatores parecem suficientes para explicar a discrepância entre seus resultados e os nossos.

15. D. Jenning, "Children's Comprehension of Television Programmes", B. Sc. Project, London School of Economics, 1982.

16. P. G. Zukow, J. Reilly e P. M.' Greenfield, "Making the Absent Present: Facilitating the Transition from Sensorimotor to Linguistic Communication", *in* K. Nelson, ed., *Children's Language*, vol. 3 (Nova York: Gardner Press, 1982).

17. A. R. Hollenbeck e R. G. Slaby, "Infant Visual and Vocal Responses to Tele vision", *Child Development*, 1979, *50*, 41-45.

18. Pezdek e Stevens, "Children's Memory for Auditory and Visual Information on Television".

19. P. Baggett, "Structurally Equivalent Stories in Movie and Text and Effect of the Medium on Recall", *Journal of Verbal Learning and Verbal Behavior*, 1979, *18*, 333-356.

20. P. Greenfield, B. Geber, J. Beagles-Roos, D. Farar e I. Gat, "Television and Radio Experimentally Compared: Effects of the Medium on Imagination and Transmission of Content", tese apresentada no Encontro Bienal da Sociedade para Pesquisa do Desenvolvimento Infantil, Boston, abril de 1981.

21. J. L. Singer e D. G. Singer, *Television, Imagination, and Agression.* Singer e Singer, "Family Lifestyle and Television-Viewing". L. F. Harrison e T. M. Williams, "Television and Cognitive Development", *in The Impact of Television: A Natural Experiment Involving Three Communities*, simpósio apresentado à Associação Canadense de Psicologia, Vancouver, 1977.

22. J. L. Singer e D. G. Singer, "Can TV Stimulate Imaginative Play?", *Journal of Communication*, 1976, *26*, 74-80. R. B. Tower, D. G. Singer e J. L. Singer, "Differential Effects of Television Programming on Preschoolers' Sognition, Imagination, and Social Play", *American Journal of Orthopsychiatry*, 1979, *49*, 265-281. M. A. Runco e K. Pezdek, "The Effect of Television and Radio on Children's Creativity", tese não publicada, Claremont Graduate School, 1982. Himmelweit, Oppenheim, and Vince, *Television and the Child.*

23. L. K. Meringoff, M. Vibbert, H. Kelly e C. Char, "How Shall You Take Your Story with or without Pictures?': Progress Report on a Program

of Media Research with Children", tese apresentada no Encontro Bienal da Sociedade para Pesquisa do Desenvolvimento Infantil, abril de 1981.

24. Feilitzen, Filipson e Schyller, *Open Your Eyes to Children's Viewing.*

25. Greenfield, "Radio and Television Experimentally Compared". Beagies-Roos e Gat, "Specific Impact of Radio and Television". C. W. Meline, "Does the Medium Matter?", *Journal of Communication*, 1976, *26*, 81-89.

26. Himmelweit, Oppenheim e Vince, *Television and the Child.*

27. Gadberry e Schneider, "Effects of Parental Restrictions on TV-Viewing".

28. Singer e Singer, "Family Lifestyle and Television-Viewing".

29. T. M. Williams, comunicação pessoal, 1983.

30. D. R. Anderson, S. R. Levin e E. P. Lorch, "The Effects of TV Program Pacing on the Behavior of Preschool Children", *AV Communication Review*, 1977, *25*, 159-166.

7. VIDEOGAMES

1. O. D. Brooks, apresentação feita na conferência sobre *Videogames* e Desenvolvimento Humano. Um Programa de Pesquisa para os Anos 80, Harvard Graduate School of Education, maio de 1983.

2. E. Mitchell, apresentação feita na conferência sobre *Videogames* e Desenvolvimento Humano, Um Programa de Pesquisa para os Anos 80, Harvard Graduate School of Education, maio de 1983.

3. D. R. Anderson, "Home Television Viewing by Preschool Children and their Families", tese apresentada à Sociedade para Pesquisa do Desenvolvimento Infanttil, abril de 1983.

4. H. Gardner, "When Television Marries Computers", crítica sobre *Pilgrim in the Microworld* de Robert Sudnow, *New York Times*, 27 de março de 1983, p. 12.

5. T. W. Malone, "What Makes Things Fun to Learn? A Study of Intrinsically Motivating Computer Games". Cognitive and Instructional Science Series, CIS-7 (SSL-80-11), Centro de Pesquisas de Xerox em Palo Alto, Palo Alto, Califórnia. T. W. Malone, "Toward e Theory of Intrinsically Motivating Instruction", *Cognitive Science*, 1981, *5*, 333-370.

6. S. B. Rosenfeld, "Informal Learning and Computers", tese preparada para o Instituto Atari para Pesquisa sobre Educação-Ação, junho de 1982.

7. D. Anderson, *Informal Features*, 1982, p. 9.

8. S. B. Silvern, P. A. Williamson e T. A. Countermine, "Videogame Playing and Aggression in Young Children", tese apresentada à Associação Americana para Pesquisa Educacional, 1983.

9. S. B. Silvern, P. A. Williamson e T. A. Countermine, "Videogame Play and Social Behavior: Preliminary Findings", tese apresentada à Conferência Internacional sobre Jogos e Ambientes de Jogo, 1983.

10. Huston e Wright, "Children's Processing of Television".

11. B. A. Lauber, "Adolescent Video Game Use", tese não publicada, UCLA, 1983.

12. Nesta descrição do jogo, usei J. Sykora e J. Birkner, *The Video Master's Guide to Pac-Man* (Nova York; Bantam, 1982).

13. Singer e Singer, *Television, Imagination, and Aggession*.

14. T. M. Kahn, "An Analysis of Strategic Thinking Using e Computer-Based Game", tese de doutorado, Universidade da Califórnia, Berkeley, 1981.

15. E. Wanner, "Computer Time: The Electronic Boogeyman", *Psychology Today*, outubro de 1982, *16*, 8-11.

16. "School Uses of Microcomputers: Reports from a National Survey", Centro para a Organização Social das Escolas, Universidade de Johns Hopkins, abril de 1983.

17. Laboratório de Cognição Humana Comparativa, "A Model System for the Study of Learning Difficulties", *Quarterly Newsletter of the Laboratory of Comparative Human Cognition*, 1982, *4*, 39-66, p. 57.

18. J. D. Chaffin, B. Maxwell e B. Thompson, "ARC-ED Curriculum: The Application of Video Games Formats to Educational Software", *Exceptional Children*, 1982, *49*, 173-178. M. C. Linn, "Assessing the Cognitive Consequences of Computer Learning: Research Findings and Policy Implications", simpósio na Associação Americana para Pesquisa Educacional, 1983, S. Chipman, comunicação pessoal, 1983.

19. J. A. Levin e Y. Kareev, "Personal Computers and Education: The Challenge to Schools", CHIP 98, Centro para Processamento Humano de Informação, Universidade da Califórnia, San Diego, 1980, pp. 40-41.

8. COMPUTADORES

1. "School Uses of Microcomputers".

2. *Los Angeles Times*, 28 de junho de 1983.

3. *Don't Bother Me, I'm Learning: Adventures in Computer Education* (Del Mar, Calif.: CRM/McGraw-Hill, 1982).

4. J. A. Levin, "Computers in Non-School Settings: Implications for Education", *SIGCUE Bulletin*, junho de 1982.

5. D. Brown, "Computer Teaching in the Year 1982", apresentação em colóquio, Processos Mentais Conscientes e Inconscientes: Implicações para a Aprendizagem, Universidade da Califórnia, Berkeley, junho de 1982.

6. H. Kohl, "Should I Buy My Child a Computer?" *Harvard Magazine*, setembro-outubro de 1982, 14-21.

7. D. M. Kurland, "Software for the Classroom: Issues in the Desing of Software Tools", *in Chameleon in the Classroom: Developing Roles for Computers,* Technical Report n.º 22, Bank Street College of Education, Nova York, 1983.

8. J. F. Vinsonhaler e R. K. Bass, "A Summary of Ten Major Studies of CAI Drill and Practice", *Educational Technology*, 1972, *12*, 29-32.

9. M. Ragosta, P. W. Holland e D. T. Jameson, "Computer Assisted Instruction and Compensatory Education: The ETS/LAUSD Study", relatório final para o Instituto Nacional de Educação, 1982.

10. L. H. Sandals, "Computer-Assisted Applications for Learning with Special Needs Children", ERIC n.º ED173983, 1979. J. J. Winters et al., "The Instructional Use of CAI in the Education of the Mentally Retarded", ERIC n.º ED157333, 1978.

11. F. Golden, "Here Come the Michokids", *Time*, 3 de maio de 1982, p. 44. M. V. Covington e R. G. Beery, *Self-Worth and School Learning* (Nova York: Holt, Rinehart e Winston, 1976).

12. J. A. Levin, "Estimation Techniques for Arithmetic: Everyday Math and Mathematics Instruction", *Educational Studies in Mathematics*, 1981, *12*, 421-434, p. 426.

13. J. A. Levin e Y. Kareev, "Problem Solving in Everyday Situations", *Quarterly Newsletter of the Laboratory of Comparative Human Cognition*, 1980, *2*, 47-52, p. 49.

14. J. H. Kane, "Computers for Composing", *in Chameleon in the Classroom*. K. Sheingold, comunicação pessoal, 1983.

15. Atari, *A Guide to Computers in Education* (Sunnyvale, Calif., 1982), p. 13.

16. G. N. Ebersole, "Microcomputers in the Classroom: Electronic Carrots", *Today's Education*, 1982, 71, 24-26.

17. W. R. Hughes, "A Study of the Use of Computer Simulated Experiments in the Physics Classroom", *Journal of Computer-Based Instruction*, 1974, *1*, 1-6,

18. S. Papert, *Mindstorms* (Nova York: Basic Books, 1980).

19. Kane, "Computers for Composing".

20. *Ibid.*

21. J. Hawkins, comunicação pessoal, 1982.

22. J. McGee, "Paradise Gained: A Computer for the English Teacher", apresentação à Associação Nacional de Educação dos E.U.A., julho de 1982.

23. B. A. Krier, "A Word-Processing Romance", *Los Angeles Times*, 7 de julho de 1982, pt. V, p. 4.

24. J. A. Levin, M. J. Boruta e M. T. Vasconcellos, "Microcomputer-Based Environments for Writing", *in* A. C. Wilkinson, ed., *Classroom Computers and Cognitive Science* (Nova York: Academic Press, no prelo).

25. *Ibid.*

26. Papert, *Mindstorms*, p. 30.

27. S. Scribner, "The Cognitive Consequences of Literacy", tese não publicada, City University of New York, 1969.

28. Kane, "Computers for Composing".

29. L. M. Gomez, C. Bowers e D. E. Egan, "Learner Characteristics that Predict Success in Using e Text-Editor Tutorial", *Proceedings of Human Factors in Computer Systems*, Gaithrsburg, Md., março de 1982. L. M. Gomez, D. E. Egan, E. A. Wheeler, D. K. Sharma e A. M. Gruchacz, "How Interface Design Determines Who Has Difficulty Learning to Use a Text Editor". *In Proceedings of the Human Factors in Computing Systems Conference*, Boston, dezembro de 1983.

30. Instituto Nacional de Educação (S. Chipman), "The Cognitive Demands and Consequences of Computer Learning", Request for Proposal NIE-R-62-0011, 1982, p. 2.

31. M. Harris, "Here Come the Microteens", *Money*, março de 1982, 67-68.

32. R. D. Pea e D. M. Kurland, "On the Cognitive and Educational Benefits of Teaching Children Programming: A Critical Look", *New Ideas in Psychology*, 1973, *1*, a sair.

33. Papert, *Mindstorms*, p. 30.

34. Pea e Kurland, "On the Cognitive and Educational Benefits of Teaching Children Programming".

35. *Ibid.*
36. A. DiSessa, "LOGO Project, Massachusetts Institutes of Technology", *in* T. W. Malone e J. Levin, eds., *Microcomputers in Education: Cognitive and Social Design Principles*, Relatório de uma Conferência, Universidade da Califórnia, San Diego, marco de 1981.
37. A. DiSessa, "Unlearning Aristotelian Physics", *Cognitive Science*, 1982, *6*, 37-75.
38. Pea e Kurland, "On the Cognitive and Educational Benefits of Teaching Children Programming".
39. J. Hawkins, K. Sheingold, M. Gearhart e C. Berger, "Microcomputers in Schools: Impact on the Social Life of Elementary Classrooms", *Applied Developmental Psychology*, 1982, *3*, 361-373.
40. O. K. Tikhomirov, "Man and Computer: The Impact of Computer Technology on the Development of Psychological Processes", *in* D. E. Olson, ed., *Media and Symbols: The Forms of Expression, Communication, and Education* (Chicago: National Society for the Study of Education and University of Chicago Press, 1974).
41. R. Montemayor, "Eastside Students Plug in to the Computer Age", *Los Angeles Times*, 28 de agosto de 1983, p. 1.

9. EDUCAÇÃO MULTIMÍDICA

1. J. Johnston e J. S. Ettema, *Positive Images* (Beverly Hills: Sage, 1982).
2. D. Singer, Conferência sobre Crianças e Televisão, Boystown, Nebraska, março de 1982.
3. Salomon, "Television Watching and Mental Effort".
4. R. M. Lehman, *Centering Television* (Madison, Wis.: Children/Television/Learning, 1980).
5. E. Levinson, *Effects of Motion Pictures on the Response to Narrative*, ERIC n.º ED003567, 1962. Este não é um estudo perfeitamente controlado porque os alunos que apenas leram a história foram expostos a ela unicamente uma vez, ao passo que os alunos que tanto leram a história quanto viram o filme foram expostos a ela duas vezes. Mas do ponto de vista de validade ecológica, esta não parece ser uma crítica significativa, porque, no mundo real da escola, os alunos não lêem literatura duas vezes, nem seria prático esperar-se isso deles.
6. R. L. Potter, "Television and Teaching: The Emerging Partnership", *Television and Children*, 1982, *5*, 24-25. Himmelweit, Oppenheim e Vince, *Television and the Child*.
7. R. L. Potter, "TV and My Classrom: An Evolutionary Tale", *Television and Children*, 1972, *2*, 19-20.
8. "Television for Learning: A Catalog of Reading Programs and Teacher's Guides", *Television and Children*, 1979, *2*, 36-38, A. Dorr Leifer, "Teaching with Television and Film", *in* N. L. Gage, ed., *Psychology of Teaching Methods*, Livro do Ano da Sociedade Nacional para o Estudo da Educação (Chicago: University of Chicago Press, 1976).
9. Collins, "Children's Comprehension of Television Content".
10. S. Neuwirth, "Using Television to Teach Story Comprehension: One Teacher's Experience", *Television and Children*, 1982, *5*, 36-38, p. 37.
11. M. L. Scarborough, "The Educational Value of Non-Educational Television: A Study of Children's Response to General Programme Material", Independent Broadcasting Authority, Londres, 1973.

12. Schramm, *Big Media, Little Media.*
13. J. S. Bruner, comunicação pessoal, 1982.
14. R. Lundgren, "What Is a Good Instructional Program", *in* Schramm, ed., *Quality in Instructional Television*, pp. 13-14.
15. S. Chipman, "French Activities Related to Computers and Education", Instituto Nacional de Educação, n.d.
16. Kurland, "Software for the Classroom".
17. Levin e Kareev, "Personal Computers and Education".
18. Dorr, Leifer, "Teaching with Television and Film". K. W. Mielke, "Barriers to Classroom Use of *The Electric Company*", Children's Television Workshop, 1977.
19. M. Wober, comunicação pessoal, 1983.
20. D. R. Olson, *Cognitive Development: The Child's Acquisition of Diagonality* (Nova York: Academic Press, 1970).
21. G. Salomon, "Television Literacy and Television Versus Literacy", *in* R. W. Bailey e R. M. Fostein, eds., *Literacy for Life: The Demand for Reading and Writing* (Nova York: Modern Language Association, 1983).
22. E. S. Ferguson, "The Mind's Eye: Nonverbal Thought in Technology", *Science*, 1977, *197*, 827-836.

SUGESTÕES PARA LEITURA

LIVROS PRÁTICOS PARA OS PAIS

E. Keye, *The Family Guide to Children's Television* (Nova York: Random House, 1974). Como os outros livros para os pais relacionados aqui, este trata da televisão nos Estados Unidos.

K. Moody, *Growing UP on Television* (Nova York: Times Books, 1980). Boa síntese dos efeitos negativos da televisão.

D. G. Singer, J. L. Singer e D. M. Zuckerman, *Teaching Television: How to Use TV to Your Child's Advantage* (Nova York: Dial Press, 1981). Este livro apresenta um currículo sobre as aptidões críticas para que os pais usem com crianças pequenas, bem como uma excelente lista de fontes para assuntos relacionados à televisão. Esta lista seria igualmente valiosa para os professores.

PARA OS PROFESSORES

B. Logan, ed., *Television Awareness Training* (Nova York: Media Action Research Center, 1977). Este livro, com o acréscimo de informações sobre cinema e outros recursos disponíveis pelo *Media Action Research Center*, poderia servir de base para um curso ginasial ou colegial sobre aptidões críticas. Inclui material de leitura para estudantes e professores de uma ampla variedade de fontes, bem como exercícios e lições de casa.

L. Masterman, *Teaching about Television* (Londres: MacMillan, 1980). Usando exemplos da televisão brtânica, Masterman apresenta os fundamentos e os planos de aula para um curso secundário sobre estudos de televisão. Essas aulas tratam primordialmente da televisão como literatura, como cultura e como comunicação não-verbal.

PESQUISA E TEORIA

G. Berry e C.-Mitchell-Kernan, eds., *Television and the Socialization of the Minority Child* (Nova York: Academic Press, 1982). O livro-base nesta área importante.

J. Bryant e D. R. Anderson, eds., *Watching TV, Understanding TV: Research on Children's Attention and Comprehension* (Nova York: Academic Press, 1983). Indispensável na pesquisa cognitiva sobre o relacionamento entre criança e televisão.

H. T. Himmelweit, A. N. Oppenheim e P. Vince, *Television and the Child: An Empirical Study of the Effect of Television on the Young* (London:

Oxford University Press, 1958). Estudo empírico clássico da relação entre a criança e a televisão. Usando o método de entrevistas, os pesquisadores chegaram a várias conclusões que agora estão sendo testadas novamente com outras técnicas.

J. Johnston e J. Ettema, *Positive Images: Breaking Stereotypes with Children's Television* (Beverly Hills, Calif.: Sage, 1982). Particularmente valioso por sua descrição altamente legível do desenvolvimento das séries *Freestyle*.

G. S. Lesser, *Children and Television: Lessons from Sesame Street* (Nova York: Raddom House, 1974). Descrição dos aspectos de *Vila Sésamo* pelo principal conselheiro acadêmico do programa.

M. McLuhan, *Os Meios de Comunicação como Extensões do Homem* (São Paulo: Cultrix, 1964). A origem da idéia de que "o meio é a mensagem".

G. Noble, *Children in Front of the Small Screen* (London: Constable, 1975). Um tratamento criativo e original dos efeitos cognitivos e sociais da televisão sobre as crianças.

E. L. Palmer e A. Dorr, eds., *Children and the Faces of Television: Teaching, Violence, Selling* (Nova York: Academic Press, 1980). Contribuições de pessoas representantes de ampla variedade de disciplinas acadêmicas, bem como da mídia.

S. Papert, *Mindstorms* (Nova York: Basic Books, 1980). O livro mais influente sobre criança e computador. A ênfase de Papert recai sobre a criança como programadora, com exemplo tirados de sua experiência no ensino de LOGO.

D. Pearl, L. Bouthilet e J. Lazar, eds., *Television and Behavior: Ten Years of Scientific Progress and Implications for the Eighties*, vol. 2, *Technical Reviews* (Rockville, Md.: National Institute of Mental Health, 1982). Estudo que segue o *Report of the Surgeon General's Advisory Committee on Television and Behavior* é uma fonte de referência excelente e abrangente.

S. Scribner e M. Cole, *The Psychology of Literacy* (Cambridge, Mass.: Harvard University Press, 1981). Descrição da primeira pesquisa empírica para separar os efeitos psicológicos da escrita dos efeitos da escolarização formal.

SOFTWARE

Os *softwares* são todos para o equipamento *Apple II*, a não ser os mencionados, embora alguns sejam disponíveis para outros tipos de computadores.

B. Budge, *Pinball Construction Set* (Piedmont, Calif.: Budge Co., 1982). Children's Computer Workshop, *Taxi* (Fort Worth, Tex.: Radio Shack, 1983).

S. Dugdale, *Green Globs*, in Graphing Equations (CONDUIT, Universidade de Iowa, Iowa City, 1981).

A. Greenberg e R. Woodhead, *Wizardry* (Ogdensburg, N. Y.: Sin-Tech Software, 1981).

B. Jamison e C. Kelner, *Lemonade Stand* (Cupertino Calif.: Apple Computer, 1979).

L. Klotz, P. Sobalvarro e S. Hain, supervisados por H. Abelson, The Terrapin Logo Language (Cambridge, Mass: Terrapin, 1981).

W. Robinett, *Rocky's Boots* (Portola Valley, Calif.: Learning Company, 1982).

S. Warner, *Castle Wolfenstein* (Baltimore: Muse Software, 1981).

S. Warner, *Robotwar* (Baltimore: Muse Software, 1981).

R. Wigginton, *Animals* (Cupertino, Calif.: Apple Computer, 1978).

NOVAS BUSCAS EM EDUCAÇÃO
VOLUMES PUBLICADOS

1 — *Linguagem Total* — Francisco Gutiérrez. A Pedagogia da Linguagem Total convida o professor a manipular todos os instrumentos de comunicação de massa, pois "o aluno que se auto-expressa deixa de ser um receptor passivo e passa a ser um perceptor ativo".

2 — *O Jogo Dramático Infantil* — Peter Slade. Para Slade o jogo dramático é uma parte essencial da vida "pois é nele que a criança aprende a pensar, comprovar, relaxar, trabalhar, lembrar, ousar, experimentar, criar e absorver".

3 — *Problemas da Literatura Infantil* — Cecília Meireles.

4 — *Diário de um Educastrador* — Jules Celma. Relato da experiência vivida por um professor, na França, de 1968 a 1969. Celma propôs uma experiência pedagógica que mostrou as falhas da educação tradicional, quanto à autoridade do professor, disciplina, liberdade de expressão dos alunos etc.

5 — *Comunicação Não-Verbal* — Flora Davis. A comunicação não-verbal vem despertando enorme interesse, como reflexo do momento que vivemos: a necessidade que tantos sentem de restabelecer contato com as próprias emoções, expressas de modo não-verbal.

6 — *Mentiras que Parecem Verdades* — Umberto Eco e Marisa Bonazzi. Um levantamento sobre os livros didáticos, que enchem a cabeça das crianças de toda sorte de preconceitos, anacronismos e conformismos. Imprescindível para os professores refletirem sobre a visão do mundo que estão transmitindo aos seus alunos.

7 — *O Imaginário no Poder* — Jacqueline Held. O livro discute as posições mais recentes sobre a literatura infantil. São citados livros infantis de muitos países, possibilitando ao leitor um panorama muito completo.

8 — *Piaget para Principiantes* — Lauro de Oliveira Lima. 20 artigos e ensaios analisando as grandes linhas da obra do genial educador suíço em torno da criança, seu desenvolvimento, e do adulto.

9 — *Quando Eu Voltar a Ser Criança* — Janusz Korczak. Conhecido educador polonês da primeira metade deste século, Korczak apresenta sua visão do relacionamento entre adultos e crianças, numa narrativa de "ficção psicológica" que suscita reflexões e que leva a conclusões de validade permanente.

10 — *O Sadismo de Nossa Infância* — Org. Fanny Abramovich. Este livro aborda o sadismo sob diferentes prismas, centrado na criança, com problemas, depoimentos e interpretações. Os autores recriam, em depoimentos e textos de ficção, o mundo sádico-infantil, menos imaginário do que se pensa.

11 — *Gramática da Fantasia* — Gianni Rodari. O autor propõe recursos destinados a ampliar a criatividade infantil, interligando-a com a experiência da criança no âmbito escolar e no âmbito familiar.

12 — *Educação Artística* — *luxo ou necessidade* — Louis Porches. Livro básico para os cursos de Educação Artística. Apresenta um painel das atividades expressivas — música, teatro, poesia, desenho, dança, audiovisuais — numa linguagem fácil e despretensiosa.

13 — *O Estranho Mundo que se Mostra às Crianças* — Fanny Abramovich. Qual é o mundo que os autores — de literatura, de teatro, de música, e assim por diante, chegando até os brinquedos — apresentam às crianças de nossos dias? Uma análise realista e construtiva da questão.

14 — *Os Teledependentes* — M. Alfonso Erausquin, Luiz Matilla e Miguel Vásquez. Uma análise lúcida da problemática da TV, sobretudo sob o prisma da educação infantil, em todos os seus aspectos: telefilmes, séries, anúncios, programas ao vivo etc.

15 — *Dança, Experiência de Vida* — Maria Fux. Um grande nome da dança contemporânea expõe sua experiência de mais de 30 anos, como coreógrafa e bailarina e, sobretudo, como educadora. O livro mostra como nos expressar através do corpo, como meio de comunicação a serviço da educação.

16 — *O Mito da Infância Feliz* — Org. Fanny Abramovich. Uma reflexão sobre o mito da "infância feliz", feita por educadores, escritores, jornalistas, dramaturgos e outros. São contos, relatos e ensaios sobre o tema.

17 — *Reflexões: A Criança — O Brinquedo — A Educação* — Walter Benjamim. Ensaios de um dos mais importantes pensadores de nosso século sobre a vida estudantil, os brinquedos, os livros infantis e outros temas.

18 — *A Construção do Homem Segundo Piaget* — Uma teoria da Educação — Lauro de Oliveira Lima. Um guia para os já iniciados em Piaget, e para aqueles com pouco contato com seu pensamento. Em 50 pequenos textos, são comentados os pressupostos da visão de Piaget.

19 — *A Música e a Criança* — Walter Howard. Livro destinado a todos os educadores, no sentido mais amplo da palavra. Relaciona a música com a leitura, a ginástica, a percepção das cores, a arquitetura e outros campos.

20 — *Gestaltpedagogia* — Olaf-Axel Burow e Karlheinz Scherpp. O primeiro livro a mostrar a contribuição que a Gestalt pode trazer à pedagogia. Ajuda o pedagogo a entender a Gestalt e aplicá-la em seu trabalho.

21 — *A Deseducação Sexual* — Marcello Bernardi. Uma crítica contundente da educação sexual, tal como hoje existe e é praticada. Uma denúncia das falsas colocações em torno da sexualidade infantil, do educador e do binômio prazer-amor.

22 — *Quem Educa Quem?* — Fanny Abramovich. O que significa ter um diploma? Como se situa, hoje, a educação artística? A autora procura responder a estas indagações com base na realidade da educação brasileira.

23 — *A Afetividade do Educador* — Max Marchand. A educação exige uma das formas mais elevadas de doação de si mesmo a uma outra pessoa. Este despojamento permite uma formação autêntica do homem na criança: eis o tema deste livro exato e sugestivo.

24 — *Ritos de Passagem de nossa Infância e Adolescência* — Org. Fanny Abramovich. Escritores, professores, jornalistas, músicos, dramaturgos, sob a forma de ficção ou depoimento, discutem a iniciação ou ruptura feita em situações vitais: a sexualidade, o amor, a religião, a morte.

25 — *A Redenção do Robô* — Herbert Read. A fundamentação filosófica da educação artística, solidamente apoiada em grandes pensadores.

26 — *O Professor que não Ensina* — Guido de Almeida. Uma análise do conteúdo temático de redações de professores e de especialistas em educação. É um levantamento bem-humorado da ideologia educacional brasileira.

27 — *Educação de Adultos em Cuba* — Raúl Ferrer Pérez. O livro descreve o processo de erradicação do analfabetismo em Cuba, com sua teoria e prática.

28 — *O Direito da Criança ao Respeito* — Dalmo de Abreu Dallari e Janusz Korczak. Dois mestres, duas visões, confluindo para um objetivo comum: uma lúcida, humana e intensa manifestação sobre os direitos da criança, sobretudo ao respeito.

29 — *O Jogo e a Criança* — Jean Chateau. Neste livro, o autor nos mostra as relações entre o jogo e a natureza infantil e até que ponto o despertar do comportamento lúdico está ligado ao da personalidade.

30 — *Expressão Corporal na Pré-Escola* — Patrícia Stokoe e Ruth Harf. Definir a expressão corporal, situá-la no contexto da educação sistematizada, destacar sua importância para a atividade especifica da pré-escola são os objetivos desse livro.

31 — *Estudos de Psicopedagogia Musical* — Violeta Hemsy de Gainza. Este livro nos faz refletir e conhecer o alcance da pedagogia musical abrindo um campo não restrito aos conservatórios ou à leitura de partituras ou apenas à criação de barulhos.

32 — *O Desenvolvimento do Raciocínio na Era da Eletrônica — Os Efeitos da TV, Computadores e "Videogames"* — Patrícia Marks Greenfield. Este livro estabelece paralelos entre a linguagem escrita, o rádio, a TV, os *videogames* e o computador e suas influências no desenvolvimento da criança.

33 — *A Educação pela Dança* — Paulina Ossona. A autora analisa a importância da dança, com um enfoque metodológico claro e orienta professores na busca de novos valores.

34 — *Educação como Práxis Política* — Francisco Gutiérrez. Uma análise política, sistemática e globalizante da educação, combinando escola e vida.

35 — *A Violência na Escola* — Claire Colombier e outros. Depoimentos e análises, sobre um problema que inquieta cada vez mais os educadores e os próprios pais e alunos.

36 — *Linguagem do Silêncio — Expressão Corporal* — Claude Pujade-Renand. Um texto aberto, não tecnicista, fazendo refletir sobre o espaço educacional do corpo. Descreve exercícios, transcreve depoimentos, posicionando a expressão corporal no todo da educação.

37 — *O Professor não Duvida! Duvida!* — Fanny Abramovich. Um estudo bem-humorado e muito realista das mudanças consentidas e das mudanças conquistadas no Brasil, com indagações e propostas sobre o novo, difícil de se atingir, e o velho, difícil de se afastar.

38 — *Confinamento Cultural, Infância e Leitura* — Edmir Perrotti. A formação de leitores no Brasil é tratada aqui como algo que vai muito além das políticas pragmáticas e salvacionistas e passa pela análise da estrutura familiar e do processo urbano.

39 — *A Filosofia Vai à Escola* — Matthew Lipman. O ensino da filosofia nas escolas de 1º e 2º graus é aqui defendido como uma forma de oferecer às crianças e aos jovens a oportunidade de discutir conceitos universais e desenvolver um espírito crítico.

40 — *De Corpo e Alma* — o discurso da motricidade — João Batista Freire — Um livro de filosofia da educação, preocupado com o processo de crescimento do indivíduo em sua integra — do coração ao fígado. Um questionamento profundo do universo escolar, dos caminhos do aprendizado, buscando criar um aluno diferenciado que não viva à procura de modelos preestabelecidos.

41 — *A Causa dos Alunos* — Marguerite Gentzbittel. Um novo olhar sobre os adolescentes. Percebendo os alunos não só como um cérebro e uma nota no boletim e analisando-os como um corpo, como criaturas realizadas ou não, mentirosas ou solitárias, risonhas ou tristes.

42 — *Confrontos na Sala de Aula — uma leitura institucional da relação professor-aluno* Julio Groppa Aquino Focalizando a relação professor-aluno como núcleo de vínculos pedagógicos, este livro circunscreve a constituição imaginária do cotidiano escolar contemporâneo. Pelos depoimentos de professores e alunos de diferentes níveis, percebem-se pronunciadas exigências de normatização da conduta alheia, bem como diferentes estratégias normativas e de resistência em cada etapa da escolarização.

IMPRESSO NA
sumago gráfica editorial ltda
rua itauna, 789   vila maria
02111-031   são paulo   sp
telefax 11 **6955 5636**
sumago@terra.com.br

------ dobre aqui ------

CARTA-RESPOSTA
NÃO É NECESSÁRIO SELAR

O SELO SERÁ PAGO POR

AC AVENIDA DUQUE DE CAXIAS
01214-999 São Paulo/SP

------ dobre aqui ------

O DESENVOLVIMENTO DO RACIOCÍNIO NA ERA DA ELETRÔNICA

summus editorial

CADASTRO PARA MALA-DIRETA

Recorte ou reproduza esta ficha de cadastro, envie completamente preenchida por correio ou fax, e receba informações atualizadas sobre nossos livros.

Nome:_____ Empresa:_____

Endereço: ☐ Res. ☐ Coml. _____ Bairro:_____

CEP: _____-_____ Cidade: _____ Estado: _____ Tel.: ( ) _____

Fax: ( ) _____ E-mail: _____ Data de nascimento: _____

Profissão:_____ Professor? ☐ Sim ☐ Não Disciplina: _____

1. Você compra livros:

☐ Livrarias ☐ Feiras
☐ Telefone ☐ Correios
☐ Internet ☐ Outros. Especificar:_____

2. Onde você comprou este livro?

_____

3. Você busca informações para adquirir livros:

☐ Jornais ☐ Amigos
☐ Revistas ☐ Internet
☐ Professores ☐ Outros. Especificar:_____

4. Áreas de interesse:

☐ Educação   ☐ Administração, RH
☐ Psicologia   ☐ Comunicação
☐ Corpo, Movimento, Saúde ☐ Literatura, Poesia, Ensaios
☐ Comportamento   ☐ Viagens, *Hobby*, Lazer
☐ PNL (Programação Neurolingüística)

5. Nestas áreas, alguma sugestão para novos títulos?

_____

6. Gostaria de receber o catálogo da editora? ☐ Sim ☐ Não

7. Gostaria de receber o Informativo Summus? ☐ Sim ☐ Não

Indique um amigo que gostaria de receber a nossa mala-direta

Nome:_____ Empresa:_____

Endereço: ☐ Res. ☐ Coml. _____ Bairro:_____

CEP: _____-_____ Cidade: _____ Estado: _____ Tel.: ( ) _____

Fax: ( ) _____ E-mail: _____ Data de nascimento: _____

Profissão:_____ Professor? ☐ Sim ☐ Não Disciplina: _____

summus editorial

Rua Itapicuru, 613 – 7º andar 05006-000 São Paulo - SP Brasil Tel.: (11) 3872 3322 Fax: (11) 3872 7476
Internet: http://www.summus.com.br   e-mail: summus@summus.com.br